严格依据教育部、国家语言文字工作委员会
印发的《普通话水平测试大纲》编写

普通话水平测试
真题与考前冲刺试卷

普通话水平测试研究组　主编
普通话培训研究中心

北京理工大学出版社
BEIJING INSTITUTE OF TECHNOLOGY PRESS

版权专有　侵权必究

图书在版编目（CIP）数据

普通话水平测试真题与考前冲刺试卷／普通话水平测试研究组，普通话培训研究中心主编. －－北京：北京理工大学出版社，2024.4

ISBN 978－7－5763－3803－4

Ⅰ．①普… Ⅱ．①普… ②普… Ⅲ．①普通话－水平考试－习题集 Ⅳ．①H102－44

中国国家版本馆 CIP 数据核字（2024）第 075457 号

责任编辑／王梦春	文案编辑／杜　枝
责任校对／周瑞红	责任印制／李志强

出版发行　／　北京理工大学出版社有限责任公司
社　　址　／　北京市丰台区四合庄路 6 号
邮　　编　／　100070
电　　话　／　（010）68944451（大众售后服务热线）
　　　　　　（010）68912824（大众售后服务热线）
网　　址　／　http：∥www.bitpress.com.cn

版 印 次　／　2024 年 4 月第 1 版第 1 次印刷
印　　刷　／　三河市文阁印刷有限公司
开　　本　／　787mm×1092mm　1/16
印　　张　／　7
字　　数　／　177 千字
定　　价　／　29.80 元

图书出现印装质量问题，请拨打售后服务热线，本社负责调换

前 言

　　普通话水平测试是一项国家级考试，考查的是应试人运用普通话的规范程度，采用计算机辅助测试，应试人参加考试时朗读和说话的声音完全由计算机录存，录音即作为判定应试人普通话水平等级的依据。普通话水平测试试卷包含四道题，总分值100分，各题题型和测试的具体要求如下：

　　一、读单音节字词。此题包含100个音节，占10分，限定应试人在3.5分钟之内朗读完毕。此题测查应试人声母、韵母、声调读音的标准程度。

　　二、读多音节词语。此题包含100个音节，占20分，限定应试人在2.5分钟之内朗读完毕。此题除了测查应试人的声母、韵母、声调的发音外，还测查应试人变调、轻声、儿化读音的标准程度。

　　三、朗读短文。此题包含400个音节，占30分，限定应试人在4分钟之内朗读完毕。此题测查应试人使用普通话朗读书面作品的水平。在测查声母、韵母、声调读音标准程度的同时，重点测查连读音变、停连、语调以及流畅程度。

　　四、命题说话。此题会给出两个话题，由应试人选定其一，并围绕选定的话题说话（类似口头作文），占40分，应试人必须说满3分钟。此题测查应试人在无文字凭借的情况下说普通话的水平，重点测查语音标准程度、词汇、语法规范程度和自然流畅程度。

　　值得说明的是，普通话水平测试前三题由计算机比对打分，最后一题由人工打分。

　　本试卷共计100套，每一套都是精心编制，目标是让考生能迅速掌握普通话水平考试的内容，准确把握命题规律。本试卷具有以下特点：

　　再现真题，身临考场

　　前40套试卷为测试真题，不仅内容严格按照标准试卷编制，包括标题及标题的朗读、每一题的容量，而且配备了专业导师录制的音频，让考生完全浸泡在测试的环境之中。

　　高频考点，专家指引

　　后60套试卷为考前冲刺押题密卷，根据对普通话水平测试真题的深度分析和研究，把历年考试中高频出现的单音节字词、多音节词语、朗读短文以及高频出现的命题说话题目都融入冲刺试卷中，全面覆盖测试内容，让考生的备考更有针对性。

　　契合大纲，考前押题

　　冲刺押题试卷的所有内容严格依据《普通话水平测试实施纲要》（2021年版）编制：第一题和第二题的内容来自《普通话水平测试用普通话词语表》"表一""表二"；第三题和第四题的内容来自《普通话水平测试用朗读作品》和《普通话水平测试用话题》，以纲为线，押题更有针对性。

　　这些试卷和音频不仅可以让读者身临其境地感受普通话水平测试的全过程，也可作为读者日常学习、练习的绝佳素材。读者可以通过扫描封底的二维码获取配套的音频，让练习更加简单快捷。本试卷可以配套《普通话水平测试专用教材》和易甲普通话APP使用，从而为读者在应试之前做好充分的准备打下坚实的基础。

编　者

2024年3月

目　　　录

第一篇　真题试卷

普通话水平测试真题试卷1 ……………………………………………… 1
普通话水平测试真题试卷2 ……………………………………………… 2
普通话水平测试真题试卷3 ……………………………………………… 3
普通话水平测试真题试卷4 ……………………………………………… 4
普通话水平测试真题试卷5 ……………………………………………… 5
普通话水平测试真题试卷6 ……………………………………………… 6
普通话水平测试真题试卷7 ……………………………………………… 7
普通话水平测试真题试卷8 ……………………………………………… 8
普通话水平测试真题试卷9 ……………………………………………… 9
普通话水平测试真题试卷10 …………………………………………… 10
普通话水平测试真题试卷11 …………………………………………… 11
普通话水平测试真题试卷12 …………………………………………… 12
普通话水平测试真题试卷13 …………………………………………… 13
普通话水平测试真题试卷14 …………………………………………… 14
普通话水平测试真题试卷15 …………………………………………… 15
普通话水平测试真题试卷16 …………………………………………… 16
普通话水平测试真题试卷17 …………………………………………… 17
普通话水平测试真题试卷18 …………………………………………… 18
普通话水平测试真题试卷19 …………………………………………… 19
普通话水平测试真题试卷20 …………………………………………… 20
普通话水平测试真题试卷21 …………………………………………… 21
普通话水平测试真题试卷22 …………………………………………… 22
普通话水平测试真题试卷23 …………………………………………… 23
普通话水平测试真题试卷24 …………………………………………… 24
普通话水平测试真题试卷25 …………………………………………… 25
普通话水平测试真题试卷26 …………………………………………… 26
普通话水平测试真题试卷27 …………………………………………… 27

普通话水平测试真题试卷28 …………………………………………………… 28
普通话水平测试真题试卷29 …………………………………………………… 29
普通话水平测试真题试卷30 …………………………………………………… 30
普通话水平测试真题试卷31 …………………………………………………… 31
普通话水平测试真题试卷32 …………………………………………………… 32
普通话水平测试真题试卷33 …………………………………………………… 33
普通话水平测试真题试卷34 …………………………………………………… 34
普通话水平测试真题试卷35 …………………………………………………… 35
普通话水平测试真题试卷36 …………………………………………………… 36
普通话水平测试真题试卷37 …………………………………………………… 37
普通话水平测试真题试卷38 …………………………………………………… 38
普通话水平测试真题试卷39 …………………………………………………… 39
普通话水平测试真题试卷40 …………………………………………………… 40

第二篇　考前冲刺试卷

普通话水平测试考前冲刺试卷1 ………………………………………………… 41
普通话水平测试考前冲刺试卷2 ………………………………………………… 42
普通话水平测试考前冲刺试卷3 ………………………………………………… 43
普通话水平测试考前冲刺试卷4 ………………………………………………… 44
普通话水平测试考前冲刺试卷5 ………………………………………………… 45
普通话水平测试考前冲刺试卷6 ………………………………………………… 46
普通话水平测试考前冲刺试卷7 ………………………………………………… 47
普通话水平测试考前冲刺试卷8 ………………………………………………… 48
普通话水平测试考前冲刺试卷9 ………………………………………………… 49
普通话水平测试考前冲刺试卷10 ………………………………………………… 50
普通话水平测试考前冲刺试卷11 ………………………………………………… 51
普通话水平测试考前冲刺试卷12 ………………………………………………… 52
普通话水平测试考前冲刺试卷13 ………………………………………………… 53
普通话水平测试考前冲刺试卷14 ………………………………………………… 54
普通话水平测试考前冲刺试卷15 ………………………………………………… 55
普通话水平测试考前冲刺试卷16 ………………………………………………… 56
普通话水平测试考前冲刺试卷17 ………………………………………………… 57

普通话水平测试考前冲刺试卷 18 …………………………………………………… 58
普通话水平测试考前冲刺试卷 19 …………………………………………………… 59
普通话水平测试考前冲刺试卷 20 …………………………………………………… 60
普通话水平测试考前冲刺试卷 21 …………………………………………………… 61
普通话水平测试考前冲刺试卷 22 …………………………………………………… 62
普通话水平测试考前冲刺试卷 23 …………………………………………………… 63
普通话水平测试考前冲刺试卷 24 …………………………………………………… 64
普通话水平测试考前冲刺试卷 25 …………………………………………………… 65
普通话水平测试考前冲刺试卷 26 …………………………………………………… 66
普通话水平测试考前冲刺试卷 27 …………………………………………………… 67
普通话水平测试考前冲刺试卷 28 …………………………………………………… 68
普通话水平测试考前冲刺试卷 29 …………………………………………………… 69
普通话水平测试考前冲刺试卷 30 …………………………………………………… 70
普通话水平测试考前冲刺试卷 31 …………………………………………………… 71
普通话水平测试考前冲刺试卷 32 …………………………………………………… 72
普通话水平测试考前冲刺试卷 33 …………………………………………………… 73
普通话水平测试考前冲刺试卷 34 …………………………………………………… 74
普通话水平测试考前冲刺试卷 35 …………………………………………………… 75
普通话水平测试考前冲刺试卷 36 …………………………………………………… 76
普通话水平测试考前冲刺试卷 37 …………………………………………………… 77
普通话水平测试考前冲刺试卷 38 …………………………………………………… 78
普通话水平测试考前冲刺试卷 39 …………………………………………………… 79
普通话水平测试考前冲刺试卷 40 …………………………………………………… 80
普通话水平测试考前冲刺试卷 41 …………………………………………………… 81
普通话水平测试考前冲刺试卷 42 …………………………………………………… 82
普通话水平测试考前冲刺试卷 43 …………………………………………………… 83
普通话水平测试考前冲刺试卷 44 …………………………………………………… 84
普通话水平测试考前冲刺试卷 45 …………………………………………………… 85
普通话水平测试考前冲刺试卷 46 …………………………………………………… 86
普通话水平测试考前冲刺试卷 47 …………………………………………………… 87
普通话水平测试考前冲刺试卷 48 …………………………………………………… 88
普通话水平测试考前冲刺试卷 49 …………………………………………………… 89
普通话水平测试考前冲刺试卷 50 …………………………………………………… 90

普通话水平测试考前冲刺试卷 51 91
普通话水平测试考前冲刺试卷 52 92
普通话水平测试考前冲刺试卷 53 93
普通话水平测试考前冲刺试卷 54 94
普通话水平测试考前冲刺试卷 55 95
普通话水平测试考前冲刺试卷 56 96
普通话水平测试考前冲刺试卷 57 97
普通话水平测试考前冲刺试卷 58 98
普通话水平测试考前冲刺试卷 59 99
普通话水平测试考前冲刺试卷 60 100

附录一　普通话水平测试用普通话多音字表 101

附录二　普通话水平测试试卷构成和评分标准 103

第一篇　真题试卷

普通话水平测试真题试卷 1*

一、读单音节字词（100 个音节，共 10 分，限时 3.5 分钟）

筐	扰	伴	寡	晒	等	条	欢	颌	嗓
日	京	觅	焚	较	拈	束	鸟	钟	许
泪	熏	热	僧	脾	稻	儿	摸	傻	破
缠	外	规	蛋	昂	见	孔	欧	沁	抄
绵	矮	沉	辣	你	熔	滚	洁	娶	缀
馆	评	走	臀	索	厢	允	坑	寨	内
团	汪	蚕	仿	瑟	缺	自	求	摆	达
宣	浑	远	锅	槐	充	某	拎	闭	五
恨	琼	挖	次	岭	鸭	逢	绺	迟	舱
杂	逗	虾	挪	部	排	杯	主	套	日

二、读多音节词语（100 个音节，共 20 分，限时 2.5 分钟）

纯粹	打扰	尊重	开玩笑	包涵	旅馆	白昼
思想	懒得	紧缺	国务院	穷苦	昂贵	奔跑
瓜子儿	全体	运输	定额	佛典	永久	抓获
钢铁	学生	因而	喷射	撒谎	被窝儿	收藏
特别	纵队	创立	眉毛	日趋	怀念	造句
加塞儿	红娘	下马	富翁	双方	安排	简直
系统	率领	纽扣儿	未曾	人群	一筹莫展	

三、朗读短文（400 个音节，共 30 分，限时 4 分钟）

作品 12 号——《孩子和秋风》

四、命题说话（请在下列话题中任选一个，共 40 分，限时 3 分钟）

1. 珍贵的礼物
2. 我喜欢的节日

＊ 注：本书的配套音频，请扫描封底的二维码获取。

普通话水平测试真题试卷 2

一、读单音节字词(100个音节,共10分,限时3.5分钟)

授	藻	财	圣	革	三	爽	渊	耍	炕
悲	痘	骑	歪	砸	摸	聂	窖	娘	醋
新	仍	今	互	玄	洼	减	熔	趴	阔
之	递	秧	录	梢	诚	腻	酸	穴	丁
狠	胎	管	房	坏	边	牛	呆	次	蓬
若	驳	咏	律	蛾	掐	艇	烂	瘾	梅
胆	郡	子	昂	佐	柴	跳	缓	毛	瞩
链	丑	瞥	耳	孙	广	吹	许	润	从
氢	弥	肯	却	龙	睡	搬	桂	酒	瓮
家	准	黏	法	陶	尺	吠	匀	修	表

二、读多音节词语(100个音节,共20分,限时2.5分钟)

旋律	行当	文明	半道儿	作品	共同	从中
土匪	而且	虐待	日益	单纯	饭盒儿	牛仔裤
民政	雄伟	运用	轻蔑	打杂儿	家眷	赞美
奥妙	海关	另外	男女	热闹	开创	转变
夸张	人影儿	其次	搜刮	悄声	迅速	方法
首饰	坚决	破坏	天鹅	佛像	所有	珍贵
恰好	拖拉机	框子	测量	投票	川流不息

三、朗读短文(400个音节,共30分,限时4分钟)

作品15号 ——《华夏文明的发展与融合》

四、命题说话(请在下列话题中任选一个,共40分,限时3分钟)

1. 我喜爱的动物
2. 对终身学习的看法

普通话水平测试真题试卷 3

一、读单音节字词(100个音节,共10分,限时3.5分钟)

急	潋	艇	腻	裹	外	妈	酿	盘	衬
暖	录	丢	唤	棕	驾	仍	毁	日	四
硅	乱	颠	牛	晒	眨	寸	取	立	蕊
材	讨	哑	旺	守	仓	苯	设	贫	双
日	咸	谎	钩	匹	膜	她	词	僧	罗
翻	寝	蒜	穷	对	允	台	押	做	津
扣	瞥	雄	叠	镁	轮	敢	牵	寡	波
苦	堂	抚	招	肥	踹	脂	鸣	疆	穴
掉	熏	昂	并	桥	癣	快	袄	虹	鞭
导	蛙	耳	苑	贼	春	禾	亩	橘	怎

二、读多音节词语(100个音节,共20分,限时2.5分钟)

民俗	而且	牛仔裤	佛寺	人群	蛾子	富翁
美女	细菌	燃料	胡同儿	村庄	作品	难怪
社会学	奠定	纪律	折腾	快要	宝塔	适用
照片	广博	掠夺	全局	辩证	范围	后跟儿
优良	从来	共鸣	完成	篡改	盘算	恰好
非法	刷新	灭火	春天	手绢儿	抓紧	创伤
可以	加强	小说儿	地质	脑袋	艰苦卓绝	

三、朗读短文(400个音节,共30分,限时4分钟)

作品24号——《"能吞能吐"的森林》

四、命题说话(请在下列话题中任选一个,共40分,限时3分钟)

1. 尊敬的人

2. 谈中国传统文化

普通话水平测试真题试卷 4

一、读单音节字词(100 个音节,共 10 分,限时 3.5 分钟)

连	搜	反	啮	抠	莽	霞	许	氨	用
堵	门	偏	绒	括	均	恰	草	臣	寡
洋	法	勿	买	胸	舔	翔	矢	蜂	根
波	日	版	锈	软	踢	鳌	拟	吊	词
唤	流	涮	情	怪	整	群	搓	抬	弓
北	弥	聚	抓	册	戳	内	肿	贼	漏
光	而	闻	丝	恨	远	庞	倦	引	队
挺	速	袍	柯	取	撼	房	孙	蝶	彻
碱	蹬	吮	猴	鲁	义	兵	瘸	辉	您
耕	劳	标	伟	条	骂	歪	牛	莫	咱

二、读多音节词语(100 个音节,共 20 分,限时 2.5 分钟)

勾画	刚才	松软	半截儿	穷人	吵嘴	乒乓球
逼迫	篡夺	牛顿	沉默	富翁	傻子	持续
佛像	被窝儿	全部	乳汁	对照	家伙	灭亡
连绵	小腿	原则	外国	戏法儿	普通	咏叹调
愉快	撒谎	下来	昆虫	意思	声明	患者
未曾	感慨	老头儿	群体	红娘	觉得	排演
赞美	运输	抓紧	儿童	症状	刻骨铭心	

三、朗读短文(400 个音节,共 30 分,限时 4 分钟)

作品 30 号——《世界民居奇葩》

四、命题说话(请在下列话题中任选一个,共 40 分,限时 3 分钟)

1. 向往的地方

2. 对幸福的理解

普通话水平测试真题试卷 5

一、读单音节字词(100 个音节,共 10 分,限时 3.5 分钟)

亏	阅	典	儿	馨	盘	寡	裙	黑	藤
佩	陵	字	层	日	忙	软	抠	腐	囚
她	醒	凑	除	钵	防	摸	扭	毛	俊
投	象	拖	洒	膘	告	沦	袋	丙	锐
耍	环	筛	捧	碎	癣	腔	选	农	居
砸	吃	甲	四	迎	费	渝	我	歌	栋
淮	某	棕	违	爽	瞥	旺	僧	磷	炯
摔	道	杯	决	帐	鼓	债	粗	但	女
延	问	离	钓	犬	闹	苗	诊	猎	染
激	肯	塘	沾	癌	洽	庵	笨	熊	准

二、读多音节词语(100 个音节,共 20 分,限时 2.5 分钟)

角色	盗贼	思考	灵敏	然而	妇女	小孩儿	
难怪	当事人	哪里	辖区	贫穷	乌黑	群体	
日记	工商业	摧毁	开创	电话	未曾	在这儿	
警犬	东欧	名字	所有	部分	压迫	篡夺	
寻求	传统	干涉	别针儿	保温	漂亮	天空	
佛像	书卷	涡流	口罩儿	铁匠	症状	谋略	
搜刮	麻醉	畅快	英雄	障碍	一帆风顺		

三、朗读短文(400 个音节,共 30 分,限时 4 分钟)

作品 38 号——《夜间飞行的秘密》

四、命题说话(请在下列话题中任选一个,共 40 分,限时 3 分钟)

1. 家乡(或熟悉的地方)

2. 谈社会公德(或职业道德)

普通话水平测试真题试卷 6

一、读单音节字词(100 个音节,共 10 分,限时 3.5 分钟)

旬	日	贼	骚	鳞	胀	瘸	自	旁	奥
怎	夸	彭	挂	喳	坏	吻	放	摸	候
您	株	麻	窘	擦	远	磁	贺	柔	女
招	填	羞	反	秧	恒	狗	备	耳	绒
窄	溺	髓	交	捶	妥	宋	霞	砖	齿
声	派	波	闯	蛇	哑	状	额	武	辨
吕	民	倦	顶	鬃	留	晒	墙	诡	窃
金	款	白	簇	辽	伟	恋	溪	跳	肠
歪	肯	妃	井	曰	盼	允	搬	瞭	期
到	酥	钝	呈	底	挖	缓	熊	硕	根

二、读多音节词语(100 个音节,共 20 分,限时 2.5 分钟)

阔气	拼凑	画卷	谬论	下降	周岁	凶恶
膏药	怀抱	服务员	生产	创伤	手工业	穷困
外面	在哪儿	仍然	打铁	抓获	月份	挨个儿
水鸟	症状	进口	从而	训练	明白	算盘
说法	淘汰	纯粹	佛寺	恰当	完美	增添
人群	男女	谅解	脑子	一致	领袖	记事儿
侵略	客厅	不许	波动	胡同儿	审时度势	

三、朗读短文(400 个音节,共 30 分,限时 4 分钟)

作品 44 号——《纸的发明》

四、命题说话(请在下列话题中任选一个,共 40 分,限时 3 分钟)

1. 网络时代的生活

2. 对垃圾分类的认识

普通话水平测试真题试卷 7

一、读单音节字词(100 个音节,共 10 分,限时 3.5 分钟)

卧	鸟	纱	悔	掠	酉	终	撒	甩	蓄
秧	四	仍	叫	台	婶	贼	耕	半	掐
布	癣	翁	弱	刷	允	床	改	逃	春
驳	纯	导	虽	棒	伍	知	末	枪	蹦
港	评	犬	课	淮	炯	循	纺	拴	李
赛	捡	梯	呕	绳	揭	陇	搓	二	棉
桩	皿	宋	狭	内	啃	字	环	州	秒
抛	代	关	停	祛	德	孙	旧	崔	凝
烈	倪	荆	擒	案	砸	垮	楚	帝	聊
颠	涌	牛	汝	粤	篇	竹	草	迟	泛

二、读多音节词语(100 个音节,共 20 分,限时 2.5 分钟)

宣传	衰变	外省	频率	捏造	棉球儿	耽误
橄榄	状态	疟疾	打嗝儿	运行	重量	跨度
晌午	嫂子	历史	勇敢	身份	挖潜	奥秘
锦标赛	方向	安慰	心眼儿	存活	持续	柔和
哺乳	冤枉	创伤	害怕	家庭	收购	以内
挫折	周围	杂草	摸黑儿	决定	摧毁	军人
灿烂	作风	工厂	穷困	糖尿病	眼花缭乱	

三、朗读短文(400 个音节,共 30 分,限时 4 分钟)

作品 49 号——《走下领奖台,一切从零开始》

四、命题说话(请在下列话题中任选一个,共 40 分,限时 3 分钟)

1. 过去的一年
2. 生活中的诚信

普通话水平测试真题试卷 8

一、读单音节字词(100个音节,共10分,限时3.5分钟)

券	允	凡	笋	拎	雪	负	搜	最	禾
谬	帮	灭	郭	绒	窃	许	习	虫	恨
零	些	字	清	法	炉	绢	夺	产	词
扔	浴	擦	桃	闭	支	楼	姜	甩	雄
窄	驳	炯	旁	歪	蹦	偏	辱	方	条
嫁	鸟	盘	扯	纳	短	昂	镁	您	袜
押	贼	蜂	袄	团	逗	雷	够	脊	筐
讼	伸	稿	破	遗	廊	裘	跃	酌	光
凝	眯	怒	香	史	搔	僻	艇	刷	住
钓	孔	殿	水	而	改	宽	魂	蹭	枕

二、读多音节词语(100个音节,共20分,限时2.5分钟)

扩张	似的	宾主	人群	黄瓜	外科	压倒
民众	小姐	挨个儿	增高	月球	冲刷	佛典
虐待	率领	苍白	上层	后跟儿	亏损	整理
减轻	分散	窘迫	豆腐	遵守	红包儿	纳税
钾肥	按钮	养活	国王	创办	逃窜	名牌儿
差别	也许	颜色	自治区	儿童	完全	漂亮
让位	螺旋桨	四周	胸脯	培训	一目了然	

三、朗读短文(400个音节,共30分,限时4分钟)

作品4号——《聪明在于学习,天才在于积累》

四、命题说话(请在下列话题中任选一个,共40分,限时3分钟)

1. 我了解的十二生肖

2. 自律与我

普通话水平测试真题试卷 9

一、读单音节字词(100个音节,共10分,限时3.5分钟)

粗	昂	栽	远	摧	彼	鳞	乘	灼	睁
嘴	墙	软	框	沉	辣	寒	法	怪	纱
馆	日	而	酱	缫	库	堆	绢	普	迈
吃	话	停	月	许	铜	讽	燃	桑	条
炯	膘	咒	稳	釉	焚	艘	让	兵	螺
钾	涡	耍	客	乃	掂	楼	字	兜	仗
雅	胸	米	瞪	蕊	趋	扯	休	找	伴
陶	双	醇	跟	特	瓜	群	摔	砍	害
吴	遣	末	您	怯	北	居	型	裂	诀
纳	巡	短	磁	匹	脓	颇	傲	黑	彭

二、读多音节词语(100个音节,共20分,限时2.5分钟)

节日	无穷	半导体	佛寺	红娘	引起	率领
叫好儿	稳定	英雄	电压	转弯	矿产	热爱
上层	光泽	增长	怀孕	翅膀	家乡	拉链儿
荒谬	尾随	胚胎	发票	卓越	深奥	袜子
村庄	而且	寡妇	哲学	南北	邮戳儿	亏损
人民	胡萝卜	抖擞	乾坤	共同	疲倦	针鼻儿
绝对	宣传	少女	采访	嫩绿	笑容可掬	

三、朗读短文(400个音节,共30分,限时4分钟)

作品35号——《我喜欢出发》

四、命题说话(请在下列话题中任选一个,共40分,限时3分钟)

1. 童年生活
2. 劳动的体会

普通话水平测试真题试卷 10

一、读单音节字词(100个音节,共10分,限时3.5分钟)

紧　泉　扰　恩　左　溶　坎　木　甩　徐
麦　焚　凑　腔　财　诸　蠢　面　所　成
千　誉　刷　体　羹　瘸　送　癣　棕　白
苍　拐　黄　搭　访　窝　鼠　娘　飘　丸
二　盆　抠　廖　推　月　泼　示　铡　扼
柳　个　袍　仗　邻　耗　虽　怎　逢　广
肩　妙　哑　丢　圣　船　笔　含　窖　循
热　他　喜　窗　窘　肘　位　凝　允　苏
日　垒　宅　猎　叮　末　此　钡　瘘　捆
拥　季　碘　丝　恰　瓦　梢　拿　后　劫

二、读多音节词语(100个音节,共20分,限时2.5分钟)

然而　　痛快　　牌楼　　英雄　　大量　　起草　　吹牛
收音机　品种　　钢铁　　比赛　　上面　　恰巧　　穷苦
推算　　躲闪　　窘迫　　小葱儿　荒谬　　军事　　平原
褂子　　随便　　盗贼　　政权　　外在　　蛋清儿　模型
方略　　少女　　眉头　　衣服　　如此　　循环　　科学
昨天　　红娘　　喇叭　　价值　　旺盛　　纯真　　唱歌儿
主人翁　恶化　　亏损　　火罐儿　挎包　　安居乐业

三、朗读短文(400个音节,共30分,限时4分钟)

作品19号——《敬畏自然》

四、命题说话(请在下列话题中任选一个,共40分,限时3分钟)

1. 难忘的旅行

2. 对美的看法

普通话水平测试真题试卷 11

一、读单音节字词(100个音节,共10分,限时3.5分钟)

瞎	丑	仆	伞	墙	腿	钝	眸	饲	癖
峻	火	穷	掌	膜	癫	割	裁	短	蛇
恩	筏	彼	峰	稀	床	掠	雅	仄	美
流	痴	廷	述	我	就	征	林	弱	胚
虫	棍	狂	二	写	穗	瞟	鸣	考	帅
匾	支	洒	凿	女	逛	拨	盏	净	娶
宫	热	汤	倪	梦	捐	阔	群	鸟	抓
槐	叮	袜	蕊	鬓	讨	缔	环	貂	填
粉	傲	夫	潜	棕	烂	黑	沈	接	词
耕	岳	须	伍	蹿	用	憋	盆	轰	羊

二、读多音节词语(100个音节,共20分,限时2.5分钟)

倘使	苍翠	强求	蒙古包	从而	粉末儿	旋转	
情怀	合同	财产	手脚	灭亡	起飞	跨越	
挂念	庄稼	高傲	柴火	局势	犯罪	决议	
耽误	增加	作用	难怪	少女	个体	上下	
危害	沙发	斥责	伸手	砂轮儿	原料	白云	
伴侣	大多数	思想	本子	状况	柔软	训练	
药品	政党	蒜瓣儿	定律	没谱儿	任重道远		

三、朗读短文(400个音节,共30分,限时4分钟)

作品40号——《一粒种子造福世界》

四、命题说话(请在下列话题中任选一个,共40分,限时3分钟)

1. 让我快乐的事
2. 谈服饰

普通话水平测试真题试卷 12

一、读单音节字词（100个音节，共10分，限时3.5分钟）

墙	换	戳	告	蹄	庄	陕	控	娃	段
锥	百	瞥	逆	添	壤	究	群	法	残
揩	末	厅	裂	宣	耳	瞎	瘦	温	揍
硼	晚	察	吞	持	比	昧	孙	日	脖
总	徐	粗	随	奉	汝	劝	黑	定	皆
谬	夺	享	杂	捞	滑	死	德	坏	此
瞧	女	冻	鸟	及	奶	罐	砂	扯	逛
粉	狼	抄	锦	绳	窨	驻	撅	或	揉
冢	悦	连	新	牙	藕	蕴	贴	吾	永
歪	逊	篇	尝	坎	鳌	筛	本	绫	勉

二、读多音节词语（100个音节，共20分，限时2.5分钟）

荒谬	胸口	走访	迅速	手枪	垫底儿	国民
特征	招牌	小朋友	溶洞	考虑	春天	精确
内在	叫好儿	苍穹	婴儿	语言	富翁	审美
先生	海关	灭亡	快乐	如下	摧毁	人文
玻璃	钢铁	打扮	恩情	战略	难怪	豆芽儿
欢迎	定额	职能	将军	做活儿	冲刷	盘算
来宾	圆舞曲	挎包	疲倦	磁场	自以为是

三、朗读短文（400个音节，共30分，限时4分钟）

作品26号——《驱遣我们的想象》

四、命题说话（请在下列话题中任选一个，共40分，限时3分钟）

1. 体育运动的乐趣

2. 对环境保护的认识

普通话水平测试真题试卷 13

一、读单音节字词(100个音节,共10分,限时3.5分钟)

齿　钡　专　梧　掉　恒　钩　萍　香　绢
松　雌　官　艇　贤　怕　铝　囊　快　昂
坐　仍　恰　薛　咱　屑　急　股　农　怎
军　鹅　准　测　奶　霞　串　妻　从　低
融　纠　体　遭　邻　夸　这　疯　悔　资
谬　含　绞　搏　尔　神　碎　墙　辨　买
规　辰　党　坝　渺　琼　牵　布　楼　返
初　允　潮　爽　面　垒　翁　滑　日　胎
墨　迁　蔡　妆　品　愿　闪　阀　涌　扣
贴　拐　略　酸　淌　阴　吻　酿　锁　绕

二、读多音节词语(100个音节,共20分,限时2.5分钟)

也许　　客观　　战略　　时光　　亏损　　赞成　　佛经
拥有　　香肠儿　应酬　　夸张　　骚扰　　风格　　从而
打盹儿　强烈　　聋子　　排斥　　状况　　玩耍　　民族
婢女　　难怪　　摧残　　老虎　　窘迫　　被窝儿　全体
觉悟　　妥当　　情怀　　恶化　　面条儿　群众　　恰好
公司　　柔软　　卫生　　活塞　　配偶　　主人翁　细菌
地下水　门票　　整修　　厌倦　　粮食　　力所能及

三、朗读短文(400个音节,共30分,限时4分钟)

作品33号——《天地九重》

四、命题说话(请在下列话题中任选一个,共40分,限时3分钟)

1. 我的一天
2. 谈谈卫生与健康

普通话水平测试真题试卷 14

一、读单音节字词(100 个音节,共 10 分,限时 3.5 分钟)

软	清	柳	篾	身	肿	堆	放	湖	裂
桃	赠	摔	甲	胎	嫩	垂	厅	霖	堤
掠	移	军	惹	循	该	每	脱	齿	遵
滑	滚	库	窘	蚕	渺	趁	牛	驻	俞
首	磁	典	肠	酚	粤	畦	促	悬	耳
双	反	财	侵	盟	瞎	死	撑	老	桑
团	兄	巧	州	踹	香	文	闭	糟	魔
疤	准	拿	配	炎	绢	瞭	日	鸥	葬
碑	到	萍	外	寡	醉	偏	握	迁	谎
破	砍	位	扬	矩	额	三	晒	荣	寇

二、读多音节词语(100 个音节,共 20 分,限时 2.5 分钟)

儿童	热爱	退守	学生	赶快	其次	毒品
屁股	照片儿	内容	专门	老婆	原则	存在
篡夺	恍惚	送信儿	宝贵	电压	围裙	富翁
神奇	烦恼	答案	飞机	帘子	偶然性	卑劣
苟且	平日	家伙	学者	外宾	冲刷	玻璃
三轮车	夸张	之前	小丑儿	选举	衡量	萌发
当局	调解	委员	邮戳儿	作用	堂而皇之

三、朗读短文(400 个音节,共 30 分,限时 4 分钟)

作品 7 号——《当今"千里眼"》

四、命题说话(请在下列话题中任选一个,共 40 分,限时 3 分钟)

1. 让我感动的事
2. 学习普通话(或其他语言)的体会

普通话水平测试真题试卷 15

一、读单音节字词(100个音节,共10分,限时3.5分钟)

类	我	璧	罕	困	掳	庞	栓	盆	桌
允	春	曹	段	批	肺	因	肠	矮	刷
选	翁	底	钩	绢	灯	踹	妆	味	锁
穷	或	矩	募	广	囊	坑	齿	偏	迷
讽	字	氛	样	头	告	饱	群	窄	日
摸	疗	薛	妾	此	谬	嘴	乍	爹	南
跳	而	歉	歇	笨	缕	鹅	项	俗	缰
达	算	班	惹	波	纳	甲	裴	虎	筐
您	窜	魂	洒	仍	松	拐	凝	卖	皇
收	雄	怎	淘	抓	洽	龄	朽	攫	迁

二、读多音节词语(100个音节,共20分,限时2.5分钟)

创新	混合	镇压	存在	眯缝	难受	窘迫
惨死	平日	总归	你们	线圈	商品	篡夺
亏损	科学家	预防	群众	达到	玩意儿	需求
告别	胳膊	利用	被窝儿	状况	丢掉	对偶
衰败	懊悔	能源	数量	搜查	瓜瓤儿	强化
功率	耽误	飞快	生产	教训	面条儿	了解
照射	头发	主人翁	只好	儿童	情不自禁	

三、朗读短文(400个音节,共30分,限时4分钟)

作品42号——《忆读书》

四、命题说话(请在下列话题中任选一个,共40分,限时3分钟)

1. 朋友
2. 科技发展与社会生活

普通话水平测试真题试卷 16

一、读单音节字词(100个音节,共10分,限时3.5分钟)

哑	铸	染	亭	后	挽	敬	疮	游	乖
仲	君	凑	稳	掐	酱	椰	铂	峰	账
焦	碰	暖	扑	龙	碍	离	鸟	瘤	密
承	滨	盒	专	此	艘	雪	肥	薰	硫
宣	表	嫡	迁	套	滇	砌	藻	刷	坏
虽	滚	杂	倦	垦	屈	所	惯	实	扯
栽	额	屡	弓	拿	物	粉	葵	躺	肉
铁	日	帆	萌	寡	猫	窖	内	雄	伞
蛙	葬	夸	戴	罗	并	摧	狂	饱	魄
而	沈	贤	润	麻	养	盘	自	您	虎

二、读多音节词语(100个音节,共20分,限时2.5分钟)

规矩	作家	核算	战略	增强	谩骂	细菌
篡改	火锅儿	履行	魅力	英雄	穷尽	飞船
动画片	丧失	钟表	衰弱	拳头	红娘	美妙
腐朽	医院	政委	确定	从此	天鹅	因而
贫困	脖颈儿	尿素	节日	有趣	爽朗	来往
认真	稳当	寻找	热爱	分裂	葡萄糖	报酬
黑暗	门口儿	拍子	不快	大褂儿	弹丸之地	

三、朗读短文(400个音节,共30分,限时4分钟)

作品47号——《中国石拱桥》

四、命题说话(请在下列话题中任选一个,共40分,限时3分钟)

1. 我欣赏的历史人物
2. 家庭对个人成长的影响

普通话水平测试真题试卷 17

一、读单音节字词(100 个音节,共 10 分,限时 3.5 分钟)

电	远	日	韦	仄	尖	黄	塌	眉	艘
临	赚	池	憎	饶	促	丝	国	伞	床
觅	丢	裙	嘔	庞	恩	俘	拢	醉	劳
肉	萌	倦	准	内	熏	仰	抬	袜	您
黯	虫	篾	朽	糟	并	枪	蠢	羹	不
激	牌	瓜	粤	而	梳	你	块	雄	另
巴	让	条	攥	硫	乌	瘸	磕	统	驱
我	跤	苟	章	景	瞎	海	搭	女	饭
许	黑	抵	摹	炒	跌	蕊	神	哑	签
甩	蹿	坠	恐	破	磁	圣	法	授	炯

二、读多音节词语(100 个音节,共 20 分,限时 2.5 分钟)

为了	森林	篡改	夸张	华贵	手绢儿	舞女
公开	创造性	翱翔	描述	下降	骡子	佛典
猫头鹰	完备	快艇	叛变	灰色	皎洁	功能
状元	然而	彼此	恰如	培育	丰硕	酒盅儿
红火	迫使	油田	群体	上课	贫穷	牛顿
撒谎	胸脯	程序	翅膀	农村	在这儿	外力
大娘	底子	命运	爱国	刀刃儿	气定神闲

三、朗读短文(400 个音节,共 30 分,限时 4 分钟)

作品 11 号 ——《观潮》

四、命题说话(请在下列话题中任选一个,共 40 分,限时 3 分钟)

1. 老师
2. 谈个人修养

普通话水平测试真题试卷 18

一、读单音节字词(100个音节,共10分,限时3.5分钟)

育	寨	莫	偿	永	鬓	准	卵	驳	喳
涩	堵	粪	饼	砚	抵	夏	陕	酱	乔
帆	字	斟	阅	挖	怎	帽	取	撰	蹲
锤	万	腮	迟	困	伏	扔	儿	炼	明
烈	烤	偏	甲	凑	轮	扭	荣	掏	昂
拱	察	纺	捐	谷	擦	块	黑	奴	披
受	雄	恩	嚷	柴	忧	勺	搓	谓	腔
铝	锥	选	词	薰	至	光	寝	程	踩
禾	探	憎	瓢	厅	幂	王	均	某	东
级	鸟	岁	塔	多	萍	卧	北	投	雪

二、读多音节词语(100个音节,共20分,限时2.5分钟)

佛寺	照相	亲切	返青	耻辱	幼儿园	爽快	
局面	钢铁	传说	人群	逗乐儿	摧毁	爱国	
挫折	篱笆	报答	随后	盼望	提成儿	螺旋桨	
修养	明白	英雄	军阀	的确	公民	拉链儿	
从中	暖瓶	深化	难怪	灯泡儿	温柔	内在	
调和	总得	恰好	完善	眉头	夸张	学习	
窘迫	毽子	典雅	妇女	标准	不速之客		

三、朗读短文(400个音节,共30分,限时4分钟)

作品17号——《将心比心》

四、命题说话(请在下列话题中任选一个,共40分,限时3分钟)

1. 印象深刻的书籍(或报刊)

2. 我喜欢的美食

普通话水平测试真题试卷 19

一、读单音节字词(100个音节,共10分,限时3.5分钟)

法 婚 特 胸 暖 门 黑 瞒 赖 帘
跳 旁 斜 表 安 准 厕 癖 佩 双
冗 握 凝 判 拐 臣 耍 编 柳 酱
口 浪 吃 统 颇 订 搔 扩 墙 酥
娶 摘 炯 室 比 洽 油 方 盆 擦
瘸 允 绝 赏 农 亏 槐 薪 迈 协
某 耕 竖 枣 注 谜 锯 凹 缘 歌
倪 撑 腿 犁 冰 罪 冯 润 德 蕊
拔 演 花 肉 蝶 奢 丸 吊 醇 字
等 二 初 进 惨 巡 哑 王 此 赛

二、读多音节词语(100个音节,共20分,限时2.5分钟)

电压 火候 争论 拥有 难怪 被窝儿 维持
跨度 谬误 贫穷 资格 媒人 规律 钢铁
情况 客气 军阀 名称 教师 缺少 从而
好歹 乡村 佛寺 合作社 新娘 上层 跳高儿
更改 撇开 选拔 地质 小瓮儿 云端 头脑
决定性 温柔 诊所 疲倦 水灾 蒜瓣儿 昂然
状态 处理 临终 专家 凉快 潜移默化

三、朗读短文(400个音节,共30分,限时4分钟)

作品23号——《莫高窟》

四、命题说话(请在下列话题中任选一个,共40分,限时3分钟)

1. 假日生活
2. 我喜爱的艺术形式

普通话水平测试真题试卷 20

一、读单音节字词（100个音节，共10分，限时3.5分钟）

老	腮	洽	恩	曹	刷	恒	踪	夏	拔
闽	建	娶	捉	肥	病	苦	扬	外	子
糠	嫌	略	耳	颇	陈	袜	体	爱	戳
蒋	贼	迅	鳖	日	举	叨	述	习	窦
枝	裙	睬	宾	瑟	仍	苑	推	皱	感
哑	手	汪	寨	浓	羽	雄	劝	丰	幻
膝	盏	怀	广	烦	若	掌	鹿	日	磁
积	篾	隋	关	嘱	耐	麻	诵	惹	挥
领	瓢	久	兰	靠	团	窖	谜	滚	方
盆	妙	屯	丢	偿	宴	嘴	栓	宝	捏

二、读多音节词语（100个音节，共20分，限时2.5分钟）

加快	运动	完备	迅速	思索	这么	频率
刷新	沉着	主人翁	柔软	通常	层面	窘迫
恰好	实践	平日	肥料	行当	给予	灭亡
温差	饭盒儿	农村	操作	锥子	全部	梨核儿
顺手	宁可	纤维	重量	奇怪	钢镚儿	佛学
偶尔	赞叹	垦荒	铁匠	熊猫	愿意	大褂
小巧	专门	虐待	刀把儿	南半球	呕心沥血	

三、朗读短文（400个音节，共30分，限时4分钟）

作品2号——《春》

四、命题说话（请在下列话题中任选一个，共40分，限时3分钟）

1. 我喜爱的植物
2. 如何保持良好的心态

普通话水平测试真题试卷 21

一、读单音节字词(100个音节,共10分,限时3.5分钟)

巴	阔	凝	尊	啼	紧	灵	针	饷	瞥
众	傻	而	采	涡	乘	开	爽	链	纷
艳	剖	猛	竖	忙	黑	炯	课	雨	习
门	子	拿	灶	约	颌	讽	徐	村	条
丑	肥	恰	阶	桃	瞪	群	惨	阁	氮
眨	雏	禀	逛	亩	禽	蛙	涩	歪	候
犬	日	雪	烁	宗	泥	锐	嗤	比	让
团	涌	话	婆	氨	肋	挤	痛	矮	膜
偏	饶	补	壮	坚	狼	攥	家	酿	臣
球	甩	僧	络	吹	孕	宣	您	张	四

二、读多音节词语(100个音节,共20分,限时2.5分钟)

宣传	衰变	外省	频率	捏造	棉球儿	耽误	
橄榄	状态	疟疾	打嗝儿	运行	重量	跨度	
晌午	嫂子	历史	勇敢	身份	挖潜	奥秘	
锦标赛	方向	安慰	心眼儿	存活	持续	柔和	
哺乳	冤枉	创伤	害怕	家庭	收购	以内	
挫折	周围	杂草	摸黑儿	决定	摧毁	军人	
灿烂	作风	工厂	穷困	糖尿病	优胜劣汰		

三、朗读短文(400个音节,共30分,限时4分钟)

作品46号——《中国的牛》

四、命题说话(请在下列话题中任选一个,共40分,限时3分钟)

1. 我所在的学校(或公司、团队、其他机构)

2. 谈服饰

普通话水平测试真题试卷 22

一、读单音节字词(100个音节,共10分,限时3.5分钟)

柴	旱	吹	讽	二	舔	袖	飞	扭	霜
攥	史	拨	此	素	软	绝	破	荣	孝
允	掠	宾	酶	咬	妈	娶	塘	机	圣
裙	雾	蕊	诸	女	团	具	潜	讨	坟
醉	旁	卧	追	死	伊	特	班	策	笛
海	控	甲	灭	坤	弥	碘	墙	摘	拐
蹿	熊	饼	捏	滚	瑟	窘	日	宣	影
收	郑	咱	况	霖	候	培	婶	丢	镰
瓮	鳌	押	哲	挖	枣	臻	洒	泉	搞
罗	挡	灯	拿	庵	亮	怀	怒	型	夸

二、读多音节词语(100个音节,共20分,限时2.5分钟)

参考	船长	艺术家	聪明	思量	红军	煤炭
工厂	发烧	吆喝	黄瓜	效率	别针儿	责怪
姑娘	喷洒	保温	产品	童话	男女	做活儿
缘故	谬论	穷困	今日	完整	决定	斜坡
疲倦	纳闷	爱国	能量	口罩儿	让位	叶子
封锁	核算	而且	转脸	必然性	飞快	牙签
丢掉	往来	罪恶	首饰	均匀	此起彼伏	

三、朗读短文(400个音节,共30分,限时4分钟)

作品37号——《鸟的天堂》

四、命题说话(请在下列话题中任选一个,共40分,限时3分钟)

1. 我的理想(或愿望)

2. 对团队精神的理解

普通话水平测试真题试卷 23

一、读单音节字词(100个音节,共10分,限时3.5分钟)

蹦　耍　德　扰　直　返　凝　秋　淡　丝
炯　粗　袄　瓮　癖　儿　履　告　筒　猫
囊　驯　辱　碟　栓　来　顶　墩　忙　哀
霎　果　憋　捺　装　群　精　唇　亮　馆
符　肉　梯　船　溺　北　剖　民　邀　旷
暖　快　酒　除　缺　杂　搜　税　脾　锋
日　贼　孔　哲　许　尘　谓　忍　填　颇
残　涧　穷　歪　雅　捉　凑　怎　虾　冷
躬　莫　虽　绢　挖　伙　聘　英　条　笨
敛　墙　岳　黑　巨　访　自　毁　郑　浑

二、读多音节词语(100个音节,共20分,限时2.5分钟)

参与　　花生　　云彩　　教训　　非常　　主人翁　　狂笑
千瓦　　佛寺　　宣布　　完全　　汗水　　虐待　　　农村
编织　　夸耀　　挨个儿　荒谬　　增多　　发现　　　里头
窘迫　　支持　　柔和　　骨髓　　快活　　规律　　　能量
加油儿　例如　　聪明　　大量　　罪恶　　转眼　　　必然性
著作　　没准儿　脑筋　　存储　　收缩　　配套　　　率领
包子　　儿童　　镇压　　顶点　　茶馆儿　紧锣密鼓

三、朗读短文(400个音节,共30分,限时4分钟)

作品27号——《人类的语言》

四、命题说话(请在下列话题中任选一个,共40分,限时3分钟)

1. 我的兴趣爱好
2. 小家、大家和国家

普通话水平测试真题试卷 24

一、读单音节字词(100个音节,共10分,限时3.5分钟)

匀	鸟	匣	攻	黏	体	材	若	雕	却
砖	磁	搜	短	洼	蜜	午	棍	本	内
窖	盆	鬃	吼	晶	狂	啐	徐	齿	状
我	麻	鲁	翔	怎	枪	拐	抓	塔	秦
闰	邱	粉	崩	阻	篇	隶	买	书	孽
咱	宣	笛	搬	简	乏	跌	嗓	二	旅
辈	昂	拔	陪	特	床	用	擦	雅	唯
日	曰	逃	坤	惩	改	凝	靠	裙	柳
黑	破	禹	鸥	害	盲	括	丝	仍	绢
顶	聊	碳	街	奉	帅	宠	策	飘	晋

二、读多音节词语(100个音节,共20分,限时2.5分钟)

背后	特别	冲刷	战略	农民	胆固醇	馒头
浅显	加速	所有制	疲倦	标准	粗糙	坚强
飞船	恰好	夸张	配套	扎实	藏身	快乐
双方	明确	军队	未来	四周	挨个儿	英雄
跳蚤	力量	胡同儿	蜗牛	昂贵	仍然	原因
财主	难怪	小鞋儿	麻醉	篡改	秋天	富翁
雨点儿	遵循	何况	上层	陡坡	轻而易举	

三、朗读短文(400个音节,共30分,限时4分钟)

作品18号——《晋祠》

四、命题说话(请在下列话题中任选一个,共40分,限时3分钟)

1. 我了解的地域文化(或风俗)

2. 对亲情(或友情、爱情)的理解

普通话水平测试真题试卷 25

一、读单音节字词(100 个音节,共 10 分,限时 3.5 分钟)

丰	迭	庚	咬	插	势	颇	扛	嘴	膜
昭	赛	高	裙	恐	麻	竖	德	许	团
撂	远	非	货	瞥	滑	僵	杂	败	峦
隶	盆	歪	略	拐	贼	粉	丢	案	征
草	君	卤	嫡	烤	阳	举	翁	囊	醋
址	妙	寝	鼾	爽	昧	盒	歹	匣	二
瓶	吞	耍	弦	土	次	星	水	鳖	兽
梭	犬	溶	医	瘸	霸	松	耐	鹅	既
凡	蠢	内	编	朽	涡	斩	掐	艇	肉
藤	仲	丑	字	床	晋	挥	弱	扯	用

二、读多音节词语(100 个音节,共 20 分,限时 2.5 分钟)

费用	找茬儿	富翁	南北	佛学	而且	黑夜
挎包	疟疾	孙女	拼命	衰老	憎恨	碎步儿
从中	刚才	牛顿	小伙子	状态	疲倦	墨水儿
无穷	军营	下列	外界	专款	舷窗	拱手
思索	牵制	行走	概率	饭盒儿	全面	回头
马虎	价格	爱国	加以	染色体	未曾	矿产
谬论	确定	日夜	党章	瓜分	迎刃而解	

三、朗读短文(400 个音节,共 30 分,限时 4 分钟)

作品 13 号——《海滨仲夏夜》

四、命题说话(请在下列话题中任选一个,共 40 分,限时 3 分钟)

1. 我喜欢的职业(或专业)
2. 谈传统美德

普通话水平测试真题试卷 26

一、读单音节字词(100 个音节,共 10 分,限时 3.5 分钟)

封	崖	九	客	推	跛	徐	信	栽	耍
错	标	垒	捏	矩	歪	领	欧	乌	前
越	僧	奖	敲	儿	氖	迭	硕	牢	疏
桂	麻	周	毒	胸	念	披	贼	起	棉
汪	尼	倦	夸	瘤	扑	狠	润	甜	纺
惯	垄	墙	颇	指	龚	砍	牛	愿	乳
革	窨	疤	死	旬	搬	簧	握	撅	庆
自	款	身	彻	躺	茶	乖	碳	绳	坏
窄	环	葬	吹	洒	粪	底	运	峡	太
饶	梦	袄	困	苍	掉	齿	盆	灭	毁

二、读多音节词语(100 个音节,共 20 分,限时 2.5 分钟)

超额	开水	定律	帮忙	特色	加油儿	妇女
繁杂	遭受	症状	侵略	休息	健全	亏本
肺活量	红军	完美	群众	随后	村民	石头
快速	佛典	照样	飘忽	穷人	层次	兴衰
融洽	创作	金子	主义	动画片	为难	小瓮儿
理解	告别	衙门	笔杆儿	应用	体温	宁肯
宣布	日夜	挂钩	冷暖	耳膜儿	可乘之机	

三、朗读短文(400 个音节,共 30 分,限时 4 分钟)

作品 5 号——《大匠无名》

四、命题说话(请在下列话题中任选一个,共 40 分,限时 3 分钟)

1. 我喜欢的季节(或天气)
2. 谈中国传统文化

普通话水平测试真题试卷 27

一、读单音节字词(100个音节,共10分,限时3.5分钟)

拐	搏	掌	弱	法	弯	脓	柳	腔	呕
揪	舔	日	彼	粗	狂	销	凑	舌	捉
字	歼	值	扔	拟	汉	窖	攥	胚	径
摆	忙	岁	谋	女	而	征	妄	吟	掠
雅	阔	怀	瓮	三	故	踢	浑	胸	卦
鹰	肋	广	笨	舱	抱	涡	酿	筛	找
疲	翻	树	昂	软	词	捐	扯	巡	宽
平	雪	秸	诚	花	头	总	擒	稻	晨
废	辖	犬	愣	虞	吹	咬	拿	损	爹
甫	店	瞟	凌	讨	庙	群	改	颇	酶

二、读多音节词语(100个音节,共20分,限时2.5分钟)

损坏	昆虫	兴奋	恶劣	挂帅	针鼻儿	排斥
采取	利索	海拔	果实	电磁波	愿望	损耗
若干	加塞儿	浪费	苦衷	降低	夜晚	小熊儿
存留	上午	按钮	食品	新娘	逗乐儿	全面
包括	不用	培养	编纂	扎实	推测	吵嘴
均匀	收成	然而	满口	怪异	听话	大学生
发作	法人	钢铁	孩子	光荣	前仆后继	

三、朗读短文(400个音节,共30分,限时4分钟)

作品41号——《颐和园》

四、命题说话(请在下列话题中任选一个,共40分,限时3分钟)

1. 难忘的旅行

2. 谈传统美德

普通话水平测试真题试卷 28

一、读单音节字词（100个音节，共10分，限时3.5分钟）

捐	末	雍	胆	脖	砖	锉	邢	垦	四
允	垫	慈	常	梳	败	首	梭	遣	罪
日	裹	夜	松	怎	凭	晤	糟	牛	刀
乏	皱	揩	洪	里	智	甜	皇	虾	瘤
北	瓢	酿	赔	谬	抓	频	锋	拔	兜
泛	荤	去	闯	情	升	痒	时	次	耍
鼻	妾	刚	眨	燃	耳	臀	瑞	溪	怪
能	草	摔	砍	心	仄	藤	军	暖	碍
选	瘸	粉	虫	鹿	窘	木	恩	替	捞
岭	农	虽	抿	贴	秒	瓮	举	够	韦

二、读多音节词语（100个音节，共20分，限时2.5分钟）

沙漠	主人翁	去年	牌楼	似乎	平民	群落
穷苦	肚脐儿	设备	旋转	接洽	包涵	干脆
日益	障碍	测量	特点	开玩笑	铁索	脑子
配偶	作怪	伤员	利用	打垮	痛快	略微
邮戳儿	创造	票据	苍白	沸腾	独立	酒盅儿
坚持	整个	霜冻	分成	先生	绿化	角色
工程	导体	扇面儿	宾馆	循环	心照不宣	

三、朗读短文（400个音节，共30分，限时4分钟）

作品34号——《我的老师》

四、命题说话（请在下列话题中任选一个，共40分，限时3分钟）

1. 我欣赏的历史人物

2. 生活中的诚信

普通话水平测试真题试卷 29

一、读单音节字词(100个音节,共10分,限时3.5分钟)

族　瞟　谬　蕊　儿　颇　忙　许　艘　爽
荐　窄　攥　耍　陶　赏　擦　孔　忘　搏
舱　涌　踹　允　嫩　窘　如　谎　侵　底
腊　整　陈　搞　夺　返　尊　奉　憋　恰
推　盆　找　隋　阔　肥　宣　娘　卵　钳
曰　弥　绢　条　挫　衰　懂　竹　岁　恩
剩　缓　赛　兵　雅　定　心　瓮　特　青
持　办　罚　日　黑　灌　总　哭　卧　死
趋　绺　栽　雷　鸥　男　君　逾　构　撅
形　滚　袜　阁　蹬　河　遍　箱　词　搔

二、读多音节词语(100个音节,共20分,限时2.5分钟)

弯曲　　尾巴　　价格　　本领　　热量　　亏损　　因而
大学　　不用　　春光　　魅力　　责怪　　思考　　小瓮儿
动作　　灭亡　　佛像　　聪明　　战略　　邮戳儿　黑暗
辉煌　　直接　　折腾　　保险　　撇开　　压迫　　疯狂
脑子　　啄木鸟　农村　　贫穷　　全体　　军阀　　人群
轻率　　冒尖儿　电台　　雨伞　　当代　　催化剂　比分
抓阄儿　宣传　　爱国　　浪头　　昂然　　如释重负

三、朗读短文(400个音节,共30分,限时4分钟)

作品20号——《看戏》

四、命题说话(请在下列话题中任选一个,共40分,限时3分钟)

1. 我的兴趣爱好
2. 对团队精神的理解

普通话水平测试真题试卷 30

一、读单音节字词（100 个音节，共 10 分，限时 3.5 分钟）

旬	日	贼	骚	鳞	胀	瘸	自	旁	奥
怎	夸	彭	挂	喧	坏	吻	放	摸	候
您	株	麻	窖	擦	远	磁	贺	柔	女
掐	填	羞	反	秧	恒	狗	备	耳	绒
窄	溺	髓	交	捶	妥	宋	霞	砖	齿
声	派	波	闯	蛇	哑	状	额	武	辨
吕	民	倦	顶	鬃	留	晒	墙	诡	窈
金	款	白	簇	辽	伟	恋	溪	跳	肠
歪	肯	妃	井	曰	盼	允	搬	瞟	期
到	酥	钝	呈	底	挖	缓	熊	硕	根

二、读多音节词语（100 个音节，共 20 分，限时 2.5 分钟）

快乐	机器	小瓮儿	含量	村庄	开花	灯泡儿
抽象	特色	而且	定额	观赏	部分	车站
捐税	收缩	鬼脸	趋势	拐弯儿	内容	若干
爆发	原材料	创办	抓紧	盛怒	运用	美景
面子	压迫	必需品	佛学	一直	启程	棒槌
山峰	罪孽	刺激	打听	通讯	木偶	昆虫
天下	做活儿	跨度	就算	构造	背井离乡	

三、朗读短文（400 个音节，共 30 分，限时 4 分钟）

作品 29 号——《十渡游趣》

四、命题说话（请在下列话题中任选一个，共 40 分，限时 3 分钟）

1. 难忘的旅行

2. 我了解的十二生肖

普通话水平测试真题试卷 31

一、读单音节字词(100 个音节,共 10 分,限时 3.5 分钟)

饼	而	桩	另	瞥	喂	波	舜	巢	滤
仿	辛	涌	瓣	驶	峡	构	活	踹	聊
瑟	盯	此	用	谨	昂	柳	袜	肥	悦
腔	徇	驾	泥	蒸	跪	歪	胁	抓	仍
擦	袋	披	存	砍	盆	洒	该	怎	材
嘘	愁	允	旁	啃	兽	北	僧	偶	捐
舔	债	孔	亭	主	翁	鸟	穷	党	泽
取	书	算	拖	凤	膜	屋	恨	蕊	刀
犬	缩	码	官	闹	满	隔	自	烘	酿
蕨	日	鸡	水	床	东	遗	谬	炉	雁

二、读多音节词语(100 个音节,共 20 分,限时 2.5 分钟)

胸口	爆炸	儿童	衰竭	温柔	民歌	乐曲
冠军	傲慢	飞快	做活儿	配偶	农产品	柜子
语法	得到	凄凉	妓女	佛寺	方向盘	改编
清楚	状态	日益	画面	无穷	疲倦	黑人
鲁莽	谬论	深层	顶牛儿	在乎	本领	完全
苍蝇	豪爽	虽然	下等	财政	夸张	小瓮儿
维持	中学	亏损	运动	掉价儿	推陈出新

三、朗读短文(400 个音节,共 30 分,限时 4 分钟)

作品 32 号——《泰山极顶》

四、命题说话(请在下列话题中任选一个,共 40 分,限时 3 分钟)

1. 我喜欢的美食
2. 家庭对个人成长的影响

普通话水平测试真题试卷 32

一、读单音节字词(100个音节,共10分,限时3.5分钟)

锅　兑　挺　休　缴　朱　循　榜　弗　彼
捏　廓　茬　搜　褶　挖　谎　投　举　晒
砍　耐　夺　信　稿　啼　粪　存　列　虫
窘　蒜　耍　略　江　码　颇　闯　恩　首
缺　末　巅　阳　遵　媚　婚　磁　巴　旁
底　抓　自　擒　远　绕　喊　用　掐　值
敲　蛾　筐　雅　铭　闹　评　善　丞　时
叶　搭　讽　埠　扔　团　乖　渺　群　件
摧　嗓　楼　卧　贼　逆　亡　根　泵　儒
选　而　柳　震　惊　骗　升　怀　票　吕

二、读多音节词语(100个音节,共20分,限时2.5分钟)

典雅　　窘迫　　骆驼　　权力　　明年　　没谱儿　黑暗
拥有　　棉花　　妇女　　街坊　　财产　　饭盒儿　傍晚
人民　　追随　　生存　　小巧　　八卦　　牛仔裤　太空
干脆　　茧子　　动员　　文章　　戏法儿　颓丧　　正好
冠军　　深层　　铁丝　　仇恨　　柔软　　夏季　　虐待
衰老　　偶尔　　佛像　　寻找　　听众　　肚脐儿　失去
王国　　月亮　　创作　　商品　　蛋白质　哭笑不得

三、朗读短文(400个音节,共30分,限时4分钟)

作品43号——《阅读大地的徐霞客》

四、命题说话(请在下列话题中任选一个,共40分,限时3分钟)

1. 劳动的体会
2. 自律与我

普通话水平测试真题试卷 33

一、读单音节字词(100 个音节,共 10 分,限时 3.5 分钟)

蛇	洼	构	产	败	抿	耗	隔	软	无
册	痴	月	旁	乖	内	癣	恰	袄	香
抖	腊	许	陪	脚	题	翁	鼻	跨	诀
态	栓	气	茧	方	痕	捅	之	臀	江
砸	狱	霞	腮	自	窘	嫩	镭	反	梭
彩	珠	炒	窝	耍	坑	拟	遍	群	孔
疗	椎	堵	霖	捐	死	槐	墓	搓	扭
疮	儿	蔫	用	偶	冰	婆	邓	允	怯
捧	刘	铁	挥	吮	鸣	罪	逢	对	公
让	貂	磐	然	装	虫	摸	靠	蚕	面

二、读多音节词语(100 个音节,共 20 分,限时 2.5 分钟)

总理	妇女	风筝	镇压	傀儡	夸张	传播
小瓮儿	灯光	奔跑	境界	柔顺	冒尖儿	公元
质量	挫折	搜索	法西斯	红娘	测定	人群
奥秘	打嗝儿	进去	村庄	包含	怀念	关卡
先生	费用	贫穷	佛学	差别	作坊	然而
撇开	安全	录音机	虐待	谬误	痛快	运行
钢铁	课堂	玩耍	丢失	碎步儿	外柔内刚	

三、朗读短文(400 个音节,共 30 分,限时 4 分钟)

作品 36 号——《乡下人家》

四、命题说话(请在下列话题中任选一个,共 40 分,限时 3 分钟)

1. 假日生活
2. 我喜爱的艺术形式

普通话水平测试真题试卷 34

一、读单音节字词(100个音节,共10分,限时3.5分钟)

鬻 曹 逛 迟 蜜 羽 习 户 登 喘
驳 钧 恒 脱 死 实 比 劫 破 奎
珠 狼 女 倦 苗 枪 软 烁 格 猎
匪 楼 此 丢 快 田 灭 囊 七 政
左 培 呕 青 辨 粮 听 哑 迅 暖
疲 画 笋 歪 罚 申 盾 根 昏 擒
喊 步 沙 蛮 仄 先 窖 挥 儿 虽
热 荣 袜 踩 胸 诊 犯 朽 抄 蛋
怎 刷 景 掐 乘 装 爵 汪 陇 阅
癣 充 稿 冯 鳌 挎 宅 捺 粗 卖

二、读多音节词语(100个音节,共20分,限时2.5分钟)

创新　苍穹　闺女　胸骨　优良　没准儿　侵略
花瓶　另外　国王　麻烦　巍峨　妨害　送别
金丝猴　热爱　苗条　上来　夸张　水獭　顶牛儿
宣布　橡皮　调动　从此　脑袋　遵循　万岁
坎肩儿　典雅　政策　品种　山川　全身　迟到
婴儿　操纵　体育馆　会计　节约　无非　博士
恰如　做活儿　筹备　难免　人群　自力更生

三、朗读短文(400个音节,共30分,限时4分钟)

作品39号——《一幅名扬中外的画》

四、命题说话(请在下列话题中任选一个,共40分,限时3分钟)

1. 谈谈卫生与健康
2. 朋友

普通话水平测试真题试卷 35

一、读单音节字词(100个音节,共10分,限时3.5分钟)

蕊　旗　脸　蛙　抗　瘾　耕　淮　周　龄
透　磁　饼　揉　猜　拢　哭　晒　东　铁
敷　谎　栓　穷　抓　详　退　坏　逛　举
雄　政　官　胁　黑　倦　苇　洽　赔　仓
愤　膜　取　槽　闰　国　吨　民　捉　爸
容　悦　灸　轰　描　秋　冷　田　影　捞
除　窝　怎　般　嗓　梅　波　承　师　谬
篇　峻　反　迪　允　赛　您　攥　扯　站
俄　镍　啃　杜　遵　案　狗　外　保　葬
盯　髓　拿　四　齿　帕　选　爵　耳　瞎

二、读多音节词语(100个音节,共20分,限时2.5分钟)

暗中　航空　名牌儿　沙滩　作战　兄弟　全身
未曾　指南针　完美　恰当　期间　均匀　博士
相似　挫折　台子　喷洒　提高　今年　小瓮儿
热闹　黄鼠狼　安稳　解剖　定额　扭转　参考
挎包　规律　拼凑　叫好儿　缺点　遵守　繁多
低洼　大伙儿　机构　婴儿　勘探　冷水　繁荣
眼睛　广场　综合　费用　天下　出其不意

三、朗读短文(400个音节,共30分,限时4分钟)

作品48号——《"住"的梦》

四、命题说话(请在下列话题中任选一个,共40分,限时3分钟)

1. 对终身学习的看法
2. 向往的地方

普通话水平测试真题试卷 36

一、读单音节字词（100个音节，共10分，限时3.5分钟）

爸	炯	牛	请	娘	出	特	某	烧	点
钧	惹	自	允	儿	粒	癖	尊	苇	钟
屡	盯	呕	眭	淤	环	孙	劳	荒	神
站	果	氨	塔	旺	绞	跪	弥	猜	繁
日	图	炕	池	藻	用	海	浓	新	蝇
筑	棚	辩	灰	鼻	镇	叨	次	乖	内
膜	炒	派	诀	犬	频	爽	晨	刷	络
纹	挎	肥	缺	软	窃	苍	纵	锡	雅
性	诚	腔	裂	鳃	逢	颇	灌	翁	索
兼	洒	防	涩	甩	辙	古	旁	鬓	蜗

二、读多音节词语（100个音节，共20分，限时2.5分钟）

教训	柔软	思维	语文	接洽	赶趟儿	美好
谋略	因而	表演	谬论	写法	大娘	妇女
拳头	财政	奥秘	火锅儿	红色	同情	上升
抓阄儿	逃窜	和平	飞快	傻子	赛场	割让
衰落	折磨	避雷针	队伍	质量	增产	调令
旷工	穷尽	多寡	片面	佛学	夏天	部分
参议院	看待	创造	包围	记事儿	息息相关	

三、朗读短文（400个音节，共30分，限时4分钟）

作品10号——《繁星》

四、命题说话（请在下列话题中任选一个，共40分，限时3分钟）

1. 对美的看法
2. 童年生活

普通话水平测试真题试卷 37

一、读单音节字词(100 个音节,共 10 分,限时 3.5 分钟)

电	远	日	韦	仄	尖	黄	塌	眉	艘
临	赚	池	憎	饶	促	丝	国	伞	床
觅	丢	裙	呕	庞	恩	俘	拢	醉	劳
肉	萌	倦	准	内	熏	仰	抬	袜	您
黯	虫	篾	朽	糟	并	枪	蠢	羹	不
激	牌	瓜	粤	而	梳	你	块	雄	另
巴	让	条	攥	硫	鸟	瘸	磕	统	驱
我	跤	苟	章	景	瞎	海	搭	女	饭
许	黑	抵	摹	炒	跌	蕊	神	哑	签
甩	蹲	坠	恐	破	磁	圣	法	授	炯

二、读多音节词语(100 个音节,共 20 分,限时 2.5 分钟)

赶紧	必须	领海	恰当	没谱儿	窈窕	全部
绘画	挎包	栅栏	传统	作风	压力	扫帚
丢掉	虐待	火星儿	大娘	温柔	运输	确实
挨个儿	钢铁	推测	椅子	男女	外面	佛经
衰变	张罗	象征	亏损	窘迫	群体	苍穹
沉重	罪恶	主人翁	生存	萌发	而且	消费品
节日	矿产	露馅儿	高原	荒谬	司空见惯	

三、朗读短文(400 个音节,共 30 分,限时 4 分钟)

作品 6 号——《大自然的语言》

四、命题说话(请在下列话题中任选一个,共 40 分,限时 3 分钟)

1. 对幸福的理解
2. 网络时代的生活

普通话水平测试真题试卷 38

一、读单音节字词(100个音节,共10分,限时3.5分钟)

眠	表	煤	岁	恩	乃	丢	按	日	烫
取	洲	水	盒	犬	射	砍	鬓	姚	滩
甩	动	囊	浸	卵	困	钾	顾	雅	愣
槽	座	吻	升	德	喘	疲	三	巡	叮
墙	次	囵	捏	贼	广	荣	癣	仪	怕
朽	菊	缩	柔	丝	迷	纷	卒	欠	蒸
梁	崔	怎	榻	宠	君	苦	怀	翁	纸
齐	挂	斜	登	袍	闰	绝	拍	炯	缫
莫	桶	拙	嫩	刚	扯	报	马	吠	刷
环	仿	日	汪	用	诸	罢	岭	播	二

二、读多音节词语(100个音节,共20分,限时2.5分钟)

仍旧	花样儿	开会	下去	僧尼	明年	嘟囔
英雄	鬼子	钢铁	状况	舞女	佛经	窈窕
深海	抓获	逗乐儿	目录	涅槃	柔软	福气
差别	懊恼	平均	红外线	疲倦	侵略	职工
顺手	波长	骆驼	干脆	小瓮儿	专门	两边
决心	不快	惨死	盗贼	幼儿园	尊重	亏损
合群儿	吃饭	魅力	国家	拨弄	讨价还价	

三、朗读短文(400个音节,共30分,限时4分钟)

作品25号——《清塘荷韵》

四、命题说话(请在下列话题中任选一个,共40分,限时3分钟)

1. 学习普通话(或其他语言)的体会

2. 我喜爱的植物

普通话水平测试真题试卷 39

一、读单音节字词(100个音节,共10分,限时3.5分钟)

脑	卧	洒	捐	许	失	板	丛	寡	赦
闸	爽	叨	下	寝	闭	瞥	末	邻	粗
字	讲	熊	驻	苍	环	枪	澳	厅	二
团	踹	舔	遵	逃	追	锁	汤	裴	状
究	婶	掐	某	君	贼	垦	白	眯	映
征	戏	领	孙	硫	肿	拳	悔	您	反
冰	奎	禹	谬	果	言	氯	拐	棒	恩
测	逢	略	死	方	也	氦	仍	艘	绕
攻	瞭	阻	蹭	陈	破	淡	衣	巡	花
年	汝	瘤	汪	持	恐	酶	窖	完	对

二、读多音节词语(100个音节,共20分,限时2.5分钟)

贵宾	奶粉	刀背儿	一律	状况	爆炸	存款
盎然	选举	柴火	加入	封锁	咏叹	调放松
热闹	佛像	逃走	亏损	军事	影子	权利
玩耍	怀念	铺盖	奇怪	层次	小偷儿	将来
主人翁	进化	聪明	运行	无穷	偶尔	扇面儿
政治	传播	培育	恰当	牛皮	咖啡	所属
唱歌儿	词汇	禁区	综合	战略	轻描淡写	

三、朗读短文(400个音节,共30分,限时4分钟)

作品45号——《中国的宝岛——台湾》

四、命题说话(请在下列话题中任选一个,共40分,限时3分钟)

1. 对环境保护的认识

2. 老师

普通话水平测试真题试卷 40

一、读单音节字词（100个音节，共10分，限时3.5分钟）

贼	列	枕	次	聋	饼	日	谨	裙	绢
值	冯	炯	咸	呆	卤	僧	扭	肾	抓
盆	战	耳	基	丑	凝	免	外	穷	陋
春	昂	喘	滨	娘	方	购	仍	睡	跟
环	浮	擦	快	滑	渺	疆	台	醒	秘
坑	善	允	逛	甩	照	拔	叠	翁	床
舜	肿	俗	腭	牌	骚	雪	批	洒	锌
瑞	锅	垒	休	谈	目	犬	榻	窝	举
纵	黑	瘤	掏	挪	惹	贝	哑	奏	席
招	榆	餐	字	考	编	滚	叼	法	光

二、读多音节词语（100个音节，共20分，限时2.5分钟）

党委	钢铁	奇怪	口哨儿	抓紧	恶化	功能
撇开	采访	效率	完全	墨汁儿	英雄	后悔
石油	从而	疟疾	下面	濒临	眉头	丢掉
专程	帮手	脚跟	战略	夸奖	做活儿	群体
评价	仙女	村子	状态	产品	桥梁	服务员
通讯	央求	怀念	佛典	圆舞曲	内容	口袋
创造	号码儿	亏损	穷人	傲然	不可思议	

三、朗读短文（400个音节，共30分，限时4分钟）

作品50号——《最糟糕的发明》

四、命题说话（请在下列话题中任选一个，共40分，限时3分钟）

1. 谈个人修养

2. 我喜欢的节日

第二篇 考前冲刺试卷

普通话水平测试考前冲刺试卷 1

一、读单音节字词(100个音节,共10分,限时3.5分钟)

本běn	狗gǒu	红hóng	定dìng	黄huáng	切qiē	彤tóng	雨yǔ	了liǎo	丝sī
砸zá	磷lín	辙zhé	鞘qiào	盲máng	人rén	宿xiǔ	远yuǎn	处chù	群qún
包bāo	兼jiān	廓kuò	藤téng	饮yǐn	惹rě	米mǐ	虑lǜ	劫jié	凝níng
瓮wèng	皴cūn	啮niè	他tā	柴chái	雀què	腿tuǐ	狂kuáng	紫zǐ	舜shùn
雪xuě	捉zhuō	北běi	听tīng	俗sú	遵zūn	丰fēng	前qián	爪zhuǎ	舍shě
暖nuǎn	低dī	坏huài	佛fó	冲chōng	兄xiōng	粮liáng	剖pōu	查chá	瓜guā
尺chǐ	问wèn	始shǐ	安ān	当dāng	遭zāo	更gēng	防fáng	蛮mán	说shuō
面miàn	飘piāo	霞xiá	兑duì	屏bǐng	爽shuǎng	旋xuàn	拴shuān	黑hēi	鼓gǔ
块kuài	夹jiá	落lào	椎zhuī	掸dǎn	绒róng	串chuàn	酒jiǔ	强jiàng	旨zhǐ
据jù	磁cí	海hǎi	送sòng	向xiàng	陆lù	腹fù	翠cuì	该gāi	曾zēng

二、读多音节词语(100个音节,共20分,限时2.5分钟)

光滑guānghuá	北边běibiān	志愿者zhìyuànzhě	专断zhuānduàn	删除shānchú	苟且gǒuqiě	搜寻sōuxún
昏黄hūnhuáng	破裂pòliè	润滑rùnhuá	凶残xiōngcán	成员chéngyuán	称呼chēnghu	奖品jiǎngpǐn
侦察zhēnchá	亏损kuīsǔn	领取lǐngqǔ	求教qiújiào	培训péixùn	自从zìcóng	答应dāying
涡流wōliú	电量diànliàng	草案cǎoàn	卑下bēixià	果冻儿guǒdòngr	花蕊huāruǐ	雄姿xióngzī
别针儿biézhēnr	奶奶nǎinai	握手wòshǒu	写法xiěfǎ	木筏mùfá	穷困qióngkùn	赤诚chìchéng
动静dòngjing	徒工túgōng	贫困pínkùn	栅栏儿zhàlanr	取胜qǔshèng	手绢儿shǒujuànr	拼音pīnyīn
胸襟xiōngjīn	安理会Ānlǐhuì	碍事àishì	把守bǎshǒu	武侠wǔxiá	肆无忌惮sìwú-jìdàn	

三、朗读短文(400个音节,共30分,限时4分钟)

作品1号——《北京的春节》

四、命题说话(请在下列话题中任选一个,共40分,限时3分钟)

1. 我了解的地域文化(或风俗)
2. 尊敬的人

普通话水平测试考前冲刺试卷 2

一、读单音节字词(100 个音节,共 10 分,限时 3.5 分钟)

椎zhuī	甩shuǎi	贩fàn	酒jiǔ	食shí	啃kěn	阿ā	枪qiāng	跳tiào	放fàng
似sì	栽zāi	怀huái	熊xióng	抽chōu	嚷rǎng	金jīn	握wò	通tòng	铝lǚ
遭zāo	学xué	准zhǔn	核hé	丁dīng	横héng	灭miè	霞xiá	状zhuàng	舜shùn
讲jiǎng	攀pān	绣xiù	远yuǎn	说shuō	暖nuǎn	拴shuān	屯tún	票piào	补bǔ
需xū	伴bàn	逛guàng	老lǎo	锤chuí	侧cè	还hái	囊náng	更gēng	牛niú
篇piān	杂zá	巷xiàng	烤kǎo	此cǐ	每měi	染rǎn	至zhì	福fú	离lí
滨bīn	填tián	得děi	果guǒ	滋zī	抓zhuā	蕊ruǐ	癸guǐ	既jì	登dēng
蜜mì	群qún	偷tōu	请qǐng	架jià	确què	印yìn	冲chōng	名míng	戳chuō
乱luàn	斥chì	劝quàn	队duì	眶kuàng	琼qióng	涩sè	别bié	连lián	温wēn
搞gǎo	粉fěn	仄zè	讽fěng	诉sù	黑hēi	睬cǎi	耙bà	苗miáo	冬dōng

二、读多音节词语(100 个音节,共 20 分,限时 2.5 分钟)

吊唁diàoyàn	绝境juéjìng	反响fǎnxiǎng	家眷jiājuàn	水蒸气shuǐzhēngqì	马褂儿mǎguàr	回环huíhuán
坏死huàisǐ	热诚rèchéng	损失sǔnshī	直爽zhíshuǎng	火苗儿huǒmiáor	官兵guānbīng	两边liǎngbiān
当场dāngchǎng	挑剔tiāoti	奏鸣曲zòumíngqǔ	血肉xuèròu	流露liúlù	悦耳yuè'ěr	难怪nánguài
随军suíjūn	青草qīngcǎo	苦果kǔguǒ	奢侈shēchǐ	茁壮zhuózhuàng	求实qiúshí	坏人huàirén
矮小ǎixiǎo	抖动dǒudòng	果子guǒzi	相当xiāngdāng	毛驴儿máolǘr	草本cǎoběn	规模guīmó
别针儿biézhēnr	偶尔ǒu'ěr	坚持jiānchí	板擦儿bǎncār	崎岖qíqū	豆腐dòufu	备忘录bèiwànglù
翱翔áoxiáng	主持zhǔchí	学科xuékē	迫使pòshǐ	扰乱rǎoluàn	长治久安chángzhì-jiǔ'ān	

三、朗读短文(400 个音节,共 30 分,限时 4 分钟)

作品 8 号——《鼎湖山听泉》

四、命题说话(请在下列话题中任选一个,共 40 分,限时 3 分钟)

1. 科技发展与社会生活

2. 让我感动的事

普通话水平测试考前冲刺试卷 3

一、读单音节字词(100个音节,共10分,限时3.5分钟)

吓xià	横hèng	键jiàn	很hěn	撇piě	热rè	全quán	拽zhuài	蹿cuān	结jié
缔dì	管guǎn	篇piān	轮lún	让ràng	广guǎng	苗miáo	当dāng	人rén	腐fǔ
鼻bí	艘sōu	球qiú	筐kuāng	荆jīng	贬biǎn	夸kuā	柴chái	吐tù	牛niú
美měi	爽shuǎng	追zhuī	花huā	咱zán	台tái	永yǒng	好hǎo	吴wú	缩suō
熊xióng	吮shǔn	藏zàng	舱cāng	趾zhǐ	考kǎo	佛fó	滨bīn	奏zòu	先xiān
配pèi	洽qià	放fàng	您nín	屯tún	籽zǐ	尺chǐ	核hé	咧liě	室shì
德dé	强qiáng	松sōng	再zài	哩lī	占zhān	猫māo	团tuán	裙qún	戳chuō
规guī	输shū	重zhòng	钉dìng	尿niào	车chē	纬wěi	杆gān	猛měng	踹chuài
祥xiáng	睡shuì	卷juàn	罢bà	冰bīng	雪xuě	紧jǐn	量liáng	伐fá	阅yuè
趣qù	龙lóng	奉fèng	举jǔ	打dǎ	恩ēn	锤chuí	该gāi	铝lǚ	羞xiū

二、读多音节词语(100个音节,共20分,限时2.5分钟)

人均rénjūn	高科技gāokējì	入学rùxué	创造chuàngzào	偶然ǒu'rán	膏药gāoyao	打转儿dǎzhuànr
力求lìqiú	偏旁piānpáng	提纯tíchún	蜂巢fēngcháo	怪物guàiwu	窝头wōtóu	打鸣儿dǎmíngr
泯灭mǐnmiè	实施shíshī	香肠儿xiāngchángr	标兵biāobīng	堡垒bǎolěi	铿锵kēngqiāng	下流xiàliú
门洞儿méndòngr	桔梗jiégěng	所有suǒyǒu	厚道hòudao	公积金gōngjījīn	台风táifēng	寻找xúnzhǎo
短缺duǎnquē	元帅yuánshuài	虚幻xūhuàn	化肥huàféi	自转zìzhuàn	行车xíngchē	利落lìluo
做工zuògōng	回去huíqù	儿孙érsūn	当量dāngliàng	死板sǐbǎn	合乎héhū	试看shìkàn
电车diànchē	厨师chúshī	打扫dǎsǎo	毒素dúsù	分化fēnhuà	耐人寻味nàirénxúnwèi	

三、朗读短文(400个音节,共30分,限时4分钟)

作品3号——《匆匆》

四、命题说话(请在下列话题中任选一个,共40分,限时3分钟)

1. 谈传统美德

2. 珍贵的礼物

普通话水平测试考前冲刺试卷 4

一、读单音节字词(100 个音节,共 10 分,限时 3.5 分钟)

抹mǒ　抗kàng　愈yù　施shī　斌bīn　凡fán　俩liǎ　谬miù　持chí　灰huī
连lián　责zé　挑tiāo　品pǐn　夹jiá　此cǐ　荒huāng　您nín　瓶píng　标biāo
致zhì　恩ēn　饶ráo　姿zī　左zuǒ　素sù　令lǐng　汛xùn　甸diàn　彻chè
拐guǎi　煞shà　盛shèng　屯tún　洗xǐ　团tuán　汉hàn　碳tàn　点diǎn　朝zhāo
熔róng　哈hā　累lěi　悲bēi　葬zàng　甫fǔ　赖lài　乘chéng　法fǎ　冰bīng
腔qiāng　上shàng　软ruǎn　请qǐng　绣xiù　络luò　花huā　同tóng　恶wù　歌gē
翠cuì　僧sēng　重chóng　尾wěi　血xuè　摔shuāi　额é　阵zhèn　穷qióng　艘sōu
抓zhuā　迭dié　将jiàng　牛niú　剖pōu　敌dí　曲qǔ　硅guī　买mǎi　冯féng
早zǎo　滚gǔn　寨zhài　圈juàn　广guǎng　许xǔ　堆duī　从cóng　棉mián　宽kuān
猫māo　啮niè　暨jì　焚fén　捆kǔn　说shuō　劝quàn　创chuàng　粤yuè　娇jiāo

二、读多音节词语(100 个音节,共 20 分,限时 2.5 分钟)

转眼zhuǎnyǎn　共通gòngtōng　学识xuéshí　灯泡儿dēngpàor　简朴jiǎnpǔ　泯灭mǐnmiè　下流xiàliú
听筒tīngtǒng　作怪zuòguài　领导lǐngdǎo　状况zhuàngkuàng　传承chuánchéng　灾害zāihài　设防shèfáng
信用卡xìnyòngkǎ　特色tèsè　露馅儿lòuxiànr　昏黄hūnhuáng　消极xiāojí　在位zàiwèi　流产liúchǎn
作坊zuōfang　抽签chōuqiān　茶馆儿cháguǎnr　停泊tíngbó　思忖sīcǔn　果真guǒzhēn　并发症bìngfāzhèng
上下shàngxià　虐待nüèdài　整个zhěnggè　全权quánquán　文化wénhuà　非法fēifǎ　随军suíjūn
水运shuǐyùn　运气yùnqì　料理liàolǐ　粉末儿fěnmòr　准时zhǔnshí　苍翠cāngcuì　首饰shǒushi
校正jiàozhèng　康复kāngfù　瞭望liàowàng　煤油méiyóu　显赫xiǎnhè　谆谆教导zhūnzhūn-jiàodǎo

三、朗读短文(400 个音节,共 30 分,限时 4 分钟)

作品 9 号——《读书人是幸福人》

四、命题说话(请在下列话题中任选一个,共 40 分,限时 3 分钟)

1. 我喜爱的动物
2. 让我快乐的事

普通话水平测试考前冲刺试卷 5

一、读单音节字词(100个音节,共10分,限时3.5分钟)

杂 zá	抓 zhuā	阿 ā	奴 nú	翠 cuì	卦 guà	叮 dīng	拴 shuān	薄 bó	贫 pín
别 bié	开 kāi	脱 tuō	乐 yuè	拽 zhuài	涩 sè	梗 gěng	霉 méi	岁 suì	雄 xióng
帅 shuài	扭 niǔ	亥 hài	凤 fèng	民 mín	屏 bǐng	潮 cháo	容 róng	惹 rě	醉 zuì
弱 ruò	瓮 wèng	摇 yáo	名 míng	种 zhǒng	叠 dié	爽 shuǎng	洗 xǐ	棉 mián	仄 zè
亲 qīn	蓝 lán	笔 bǐ	挑 tiāo	盲 máng	喷 pēn	沙 shā	国 guó	撬 qiào	冲 chōng
舜 shùn	铝 lǚ	聚 jù	串 chuàn	峡 xiá	问 wèn	会 huì	君 jūn	遂 suí	蹿 cuān
俩 liǎ	厅 tīng	否 fǒu	磁 cí	编 biān	阙 què	斗 dǒu	死 sǐ	兹 zī	张 zhāng
需 xū	看 kàn	票 piào	海 hǎi	脏 zāng	浮 fú	混 hùn	体 tǐ	歉 qiàn	暗 àn
响 xiǎng	圈 juān	窄 zhǎi	尺 chǐ	主 zhǔ	滚 gǔn	将 jiàng	秋 qiū	狂 kuáng	脚 jiǎo
撤 chè	黄 huáng	史 shǐ	流 liú	蹬 dēng	返 fǎn	粉 fěn	给 gěi	得 děi	闹 nào

二、读多音节词语(100个音节,共20分,限时2.5分钟)

台风 táifēng	转产 zhuǎnchǎn	重叠 chóngdié	感慨 gǎnkǎi	法治 fǎzhì	额外 éwài	停泊 tíngbó
描绘 miáohuì	辛酸 xīnsuān	捐赠 juānzèng	鼻梁儿 bíliángr	粽子 zòngzi	回去 huíqù	反响 fǎnxiǎng
确实 quèshí	广播 guǎngbō	萝卜 luóbo	轻巧 qīngqiǎo	天子 tiānzǐ	赤诚 chìchéng	损坏 sǔnhuài
湿润 shīrùn	豺狼 cháiláng	主角儿 zhǔjuér	懂得 dǒngdé	不锈钢 bùxiùgāng	浓缩 nóngsuō	留学生 liúxuéshēng
贫穷 pínqióng	耳光 ěrguāng	罗列 luóliè	穷人 qióngrén	酒盅儿 jiǔzhōngr	黄昏 huánghūn	仓促 cāngcù
这么 zhème	打嗝儿 dǎgér	配备 pèibèi	富翁 fùwēng	争端 zhēngduān	抓阄儿 zhuājiūr	加快 jiākuài
算计 suànji	蔑视 mièshì	农耕 nónggēng	奇观 qíguān	劝阻 quànzǔ	理所当然 lǐsuǒdāngrán	

三、朗读短文(400个音节,共30分,限时4分钟)

作品14号——《海洋与生命》

四、命题说话(请在下列话题中任选一个,共40分,限时3分钟)

1. 体育运动的乐趣
2. 印象深刻的书籍(或报刊)

普通话水平测试考前冲刺试卷 6

一、读单音节字词(100 个音节,共 10 分,限时 3.5 分钟)

嗤chī	追zhuī	雄xióng	灸jiǔ	阙què	分fēn	僧sēng	徐xú	票piào	别bié
拽zhuài	戳chuō	酿niàng	员yuán	喂wèi	剖pōu	熔róng	鸟niǎo	粗cū	仄zè
内nèi	家jiā	幢chuáng	刺cì	春chūn	中zhòng	叠dié	喝hè	举jǔ	咱zán
挺tǐng	孜zī	号háo	丝sī	套tào	蓝lán	咪mī	广guǎng	商shāng	谬miù
瓦wǎ	脸liǎn	所suǒ	讲jiǎng	她tā	抱bào	缠chán	舜shùn	桦huà	给gěi
吓xià	混hún	摔shuāi	奎kuí	猛měng	裙qún	敌dí	县xiàn	落luò	涮shuàn
丁dīng	强qiǎng	秦qín	攒cuán	踢tī	鞭biān	卷juàn	命mìng	佛fó	发fā
瓶píng	缝féng	该gāi	印yìn	贰èr	窃qiè	宅zhái	龙lóng	后hòu	柏bǎi
棕zōng	甫fǔ	垮kuǎ	撩liāo	腿tuǐ	阻zǔ	血xuè	更gēng	队duì	树shù
狂kuáng	紧jǐn	铝lǚ	党dǎng	纲gāng	者zhě	甚shèn	修xiū	日rì	软ruǎn

二、读多音节词语(100 个音节,共 20 分,限时 2.5 分钟)

栅栏儿zhàlanr	盲目mángmù	退学tuìxué	选举xuǎnjǔ	口哨儿kǒushàor	平分píngfēn	蕴藏yùncáng
捏造niēzào	殉难xùnnàn	私立sīlì	恰好qiàhǎo	片断piànduàn	国民guómín	顺手shùnshou
着眼点zhuóyǎndiǎn	发射fāshè	始祖shǐzǔ	苛刻kēkè	长城chángchéng	衰弱shuāiruò	真菌zhēnjūn
雨点儿yǔdiǎnr	稳当wěndang	软化ruǎnhuà	导管dǎoguǎn	确定quèdìng	雄心xióngxīn	铁匠tiějiang
沧桑cāngsāng	拍卖pāimài	冰棍儿bīnggùnr	随军suíjūn	春秋chūnqiū	妖精yāojing	惩罚chéngfá
胡同儿hútòngr	守卫shǒuwèi	组装zǔzhuāng	蜂房fēngfáng	机械化jīxièhuà	嗓音sǎngyīn	体检tǐjiǎn
孝顺xiàoshùn	喧闹xuānnào	仰望yǎngwàng	园艺yuányì	支架zhījià	天人合一tiānrén-héyī

三、朗读短文(400 个音节,共 30 分,限时 4 分钟)

作品 16 号——《记忆像铁轨一样长》

四、命题说话(请在下列话题中任选一个,共 40 分,限时 3 分钟)

1. 我喜欢的季节(或天气)

2. 谈社会公德(或职业道德)

普通话水平测试考前冲刺试卷 7

一、读单音节字词(100 个音节,共 10 分,限时 3.5 分钟)

鲁lǔ	瘸qué	缝fèng	就jiù	名míng	保bǎo	填tián	入rù	等děng	腹fù
宋sòng	佛fó	软ruǎn	拗niù	宰zǎi	艘sōu	脸liǎn	唇chún	死sǐ	熊xióng
嘴zuǐ	尿niào	据jù	搞gǎo	晒shài	创chuāng	框kuàng	寡guǎ	哈hā	祥xiáng
闻wén	穷qióng	某mǒu	瞒mán	削xuē	鞭biān	心xīn	起qǐ	还huán	拢lǒng
摔shuāi	蛋dàn	系jì	网wǎng	啐cuì	悬xuán	恰qià	追zhuī	掏tāo	花huā
分fēn	听tīng	热rè	着zhuó	扎zā	运yùn	功gōng	昂áng	瓶píng	会huì
踹chuài	霞xiá	缴jiǎo	舜shùn	吕lǚ	聘pìn	掷zhì	仿fǎng	团tuán	迭dié
种zhǒng	雨yǔ	得děi	处chǔ	蒋jiǎng	屯tún	德dé	湿shī	林lín	案àn
离lí	射shè	刺cì	兵bīng	坑kēng	装zhuāng	北běi	强qiáng	球qiú	尺chǐ
根gēn	篾miè	圈juàn	内nèi	锉cuò	仄zè	海hǎi	钢gāng	爬pá	括kuò

二、读多音节词语(100 个音节,共 20 分,限时 2.5 分钟)

追肥zhuīféi	做法zuòfǎ	鼓掌gǔzhǎng	蝙蝠biānfú	本子běnzi	玩耍wánshuǎ	病情bìngqíng
重逢chóngféng	破坏pòhuài	出租车chūzūchē	灾害zāihài	韵律yùnlǜ	退位tuìwèi	铺盖pūgài
做梦zuòmèng	雄壮xióngzhuàng	荟萃huìcuì	掉价儿diàojiàr	犬齿quǎnchǐ	橱窗chúchuāng	将军jiāngjūn
可口kěkǒu	纯真chúnzhēn	加速度jiāsùdù	贫民pínmín	解渴jiěkě	丰腴fēngyú	缅怀miǎnhuái
蛋清儿dànqīngr	拟人nǐrén	雄姿xióngzī	瞄准miáozhǔn	搜刮sōuguā	区别qūbié	肚脐儿dùqír
宣讲xuānjiǎng	曲折qūzhé	胭脂yānzhi	实施shíshī	傻瓜shǎguā	破坏pòhuài	泪珠儿lèizhūr
状语zhuàngyǔ	山沟shāngōu	凉爽liángshuǎng	几率jīlǜ	时装shízhuāng	慢条斯理màntiáo-sīlǐ

三、朗读短文(400 个音节,共 30 分,限时 4 分钟)

作品 21 号——《莲花和樱花》

四、命题说话(请在下列话题中任选一个,共 40 分,限时 3 分钟)

1. 对垃圾分类的认识
2. 我所在的学校(或公司、团队、其他机构)

普通话水平测试考前冲刺试卷 8

一、读单音节字词(100 个音节,共 10 分,限时 3.5 分钟)

陶 táo	装 zhuāng	藏 zàng	圈 quān	粉 fěn	村 cūn	船 chuán	怀 huái	州 zhōu	挑 tiāo
累 léi	放 fàng	洞 dòng	扩 kuò	呛 qiàng	坪 píng	熊 xióng	臊 sào	解 xiè	翁 wēng
章 zhāng	波 bō	名 míng	垮 kuǎ	宗 zōng	这 zhè	铝 lǚ	早 zǎo	舌 shé	碱 jiǎn
竟 jìng	鬓 bìn	该 gāi	繁 fán	肥 féi	虚 xū	仍 réng	度 dù	若 ruò	暖 nuǎn
请 qǐng	响 xiǎng	势 shì	姿 zī	点 diǎn	稀 xī	闷 mèn	烂 làn	瑞 ruì	把 bǎ
家 jiā	踩 cǎi	惯 guàn	翘 qiào	鄂 è	憎 zēng	久 jiǔ	瓜 guā	云 yún	拿 ná
替 tì	曰 yuē	纸 zhǐ	求 qiú	镇 zhèn	锤 chuí	鼠 shǔ	死 sǐ	堆 duī	谬 miù
踹 chuài	论 lùn	晃 huǎng	叠 dié	馍 mó	撇 piē	俩 liǎ	棍 gùn	昂 áng	缠 chán
扯 chě	熟 shóu	边 biān	民 mín	横 hèng	雀 què	伍 wǔ	诵 sòng	您 nín	旋 xuàn
柜 guì	良 liáng	还 hái	空 kōng	托 tuō	票 piào	说 shuō	慈 cí	惧 jù	创 chuàng

二、读多音节词语(100 个音节,共 20 分,限时 2.5 分钟)

寻找 xúnzhǎo	逗乐儿 dòulèr	增产 zēngchǎn	抢救 qiǎngjiù	直达 zhídá	学年 xuénián	腐败 fǔbài
耳朵 ěrduo	停泊 tíngbó	值日 zhírì	衰败 shuāibài	口罩儿 kǒuzhàor	雪花 xuěhuā	起火 qǐhuǒ
自动化 zìdònghuà	描画 miáohuà	思忖 sīcǔn	甲板 jiǎbǎn	确认 quèrèn	自尊 zìzūn	穷尽 qióngjìn
山川 shānchuān	逃窜 táocuàn	小说儿 xiǎoshuōr	红娘 hóngniáng	短跑 duǎnpǎo	发放 fāfàng	载重 zàizhòng
求学 qiúxué	失实 shīshí	烧香 shāoxiāng	软弱 ruǎnruò	天堂 tiāntáng	云计算 yúnjìsuàn	采取 cǎiqǔ
脾气 píqi	暖流 nuǎnliú	开窍儿 kāiqiàor	决裂 juéliè	显现 xiǎnxiàn	缺乏 quēfá	扎实 zhāshi
岁月 suìyuè	勉强 miǎnqiǎng	开阔 kāikuò	瞭望 liàowàng	科研 kēyán	兢兢业业 jīngjīngyèyè

三、朗读短文(400 个音节,共 30 分,限时 4 分钟)

作品 28 号——《人生如下棋》

四、命题说话(请在下列话题中任选一个,共 40 分,限时 3 分钟)

1. 小家、大家和国家
2. 我喜欢的职业(或专业)

普通话水平测试考前冲刺试卷 9

一、读单音节字词(100 个音节,共 10 分,限时 3.5 分钟)

窝 wō	摔 shuāi	旋 xuán	点 diǎn	四 sì	左 zuǒ	重 zhòng	黑 hēi	戳 chuō	暖 ruǎn
请 qǐng	熔 róng	栽 zāi	烂 làn	贩 fàn	靠 kào	桦 huà	裴 péi	泻 xiè	虑 lǜ
盛 shèng	待 dāi	灯 dēng	德 dé	春 chūn	欧 ōu	幢 chuáng	瞧 qiáo	嘴 zuǐ	牛 niú
就 jiù	印 yìn	绝 jué	量 liáng	攒 zǎn	雹 báo	搂 lǒu	色 shǎi	制 zhì	揣 chuāi
很 hěn	酸 suān	起 qǐ	折 zhé	筐 kuāng	边 biān	假 jiǎ	篾 miè	夸 kuā	训 xùn
钢 gāng	哈 hā	强 jiàng	没 méi	泡 pào	谈 tán	雄 xióng	林 lín	准 zhǔn	葛 gě
苗 miáo	逆 nì	丢 diū	匪 fěi	室 shì	放 fàng	任 rén	椎 zhuī	蛇 shé	血 zuè
骨 gǔ	据 jù	簿 bù	竦 sǒng	祥 xiáng	棉 mián	以 yǐ	棍 gùn	铜 tóng	蹿 cuān
并 bìng	早 zǎo	帮 bāng	尺 chǐ	晃 huǎng	恰 qià	推 tuī	曲 qǔ	根 gēn	簇 cù
猎 liè	停 tíng	萍 píng	锐 ruì	躲 duǒ	城 chéng	刺 cì	否 fǒu	劝 quàn	哇 wā

二、读多音节词语(100 个音节,共 20 分,限时 2.5 分钟)

垃圾 lājī	责怪 zéguài	从容 cóngróng	眼镜儿 yǎnjìngr	半空 bànkōng	选取 xuǎnqǔ	名流 míngliú
广博 guǎngbó	买卖 mǎimai	代理 dàilǐ	美好 měihǎo	贞操 zhēncāo	推敲 tuīqiāo	归队 guīduì
贫穷 pínqióng	挑子 tiāozi	吞没 tūnmò	舷窗 xiánchuāng	贴切 tiēqiè	理科 lǐkē	厅堂 tīngtáng
疟疾 nüèji	宁愿 nìngyuàn	蜜枣儿 mìzǎor	功名 gōngmíng	时区 shíqū	甲骨文 jiǎgǔwén	冷饮 lěngyǐn
洞察 dòngchá	光顾 guānggù	偏爱 piān'ài	绿肥 lǜféi	快乐 kuàilè	冰棍儿 bīnggùnr	无所谓 wúsuǒwèi
归队 guīduì	随军 suíjūn	喧嚷 xuānrǎng	迷蒙 míméng	小丑儿 xiǎochǒur	车床 chēchuáng	储存 chǔcún
浓厚 nónghòu	物资 wùzī	著名 zhùmíng	测算 cèsuàn	就绪 jiùxù	不胫而走 bùjìng'érzǒu	

三、朗读短文(400 个音节,共 30 分,限时 4 分钟)

作品 22 号——《麻雀》

四、命题说话(请在下列话题中任选一个,共 40 分,限时 3 分钟)

1. 谈服饰

2. 过去的一年

普通话水平测试考前冲刺试卷 10

一、读单音节字词(100个音节,共10分,限时3.5分钟)

纲gāng 脱tuō 赛sài 讼sòng 凳dèng 执zhí 杂zá 渤Bó 冲chōng 其qí
根gēn 反fǎn 想xiǎng 取qǔ 连lián 金jīn 椎zhuī 麝shè 频pín 眶kuàng
疼téng 坏huài 宽kuān 蒋jiǎng 陈chén 兹zī 草cǎo 偷tōu 流liú 饶ráo
毒dú 刷shuā 黑hēi 丑chǒu 墓mù 涮shuàn 选xuǎn 斥chì 虎hǔ 曰yuē
戳chuō 原yuán 揣chuǎi 霜shuāng 律lǜ 蹿cuān 假jiǎ 临lín 始shǐ 粮liáng
埋mái 塔tǎ 边biān 歌gē 别bié 分fēn 佛fó 穷qióng 仄zè 色shǎi
霞xiá 铁tiě 凶xiōng 瓮wèng 拧nìng 凹āo 群qún 基jī 请qǐng 躲duǒ
争zhēng 杭háng 血xuè 对duì 九jiǔ 潘pān 轮lún 刺cì 站zhàn 躲duǒ
散sàn 漂piāo 拗niù 醉zuì 寡guǎ 徽huī 脚jiǎo 困kùn 弦xián 煤méi
方fāng 脓nóng 灭miè 苇wěi 准zhǔn 热rè 供gòng 饼bǐng 桥qiáo 乏fá

二、读多音节词语(100个音节,共20分,限时2.5分钟)

留恋liúliàn 超导体chāodǎotǐ 冒尖儿màojiānr 吩咐fēnfù 资方zīfāng 曝晒pùshài 专著zhuānzhù
沉浸chénjìn 青春qīngchūn 准绳zhǔnshéng 窗子chuāngzi 多寡duōguǎ 扫帚sàozhou 方面fāngmiàn
哪里nǎlǐ 隔壁gébì 脑髓nǎosuǐ 韵味yùnwèi 价值jiàzhí 血统xuètǒng 荟萃huìcuì
地下dìxià 留存liúcún 消费品xiāofèipǐn 苍穹cāngqióng 火锅儿huǒguōr 禅宗chánzōng 蕴涵yùnhán
纽扣儿niǔkòur 航行hángxíng 穷人qióngrén 孪生luánshēng 馒头mántou 打鸣儿dǎmíngr 热血rèxuè
卧床wòchuáng 母本mǔběn 坚强jiānqiáng 改口gǎikǒu 同班tóngbān 行李xíngli 参政cānzhèng
打猎dǎliè 戒备jièbèi 免税miǎnshuì 擅长shàncháng 腐朽fǔxiǔ 目瞪口呆mùdèng-kǒudāi

三、朗读短文(400个音节,共30分,限时4分钟)

作品31号——《苏州园林》

四、命题说话(请在下列话题中任选一个,共40分,限时3分钟)

1. 我的一天
2. 对亲情(或友情、爱情)的理解

普通话水平测试考前冲刺试卷 11

一、读单音节字词(100 个音节,共 10 分,限时 3.5 分钟)

绿lǜ	藤téng	赖lài	瞥piē	累léi	堆duī	色sè	词cí	混hún	厚nòu
钻zuàn	步bù	什shí	勇yǒng	眶kuàng	坟fén	修xiū	松sōng	娘niáng	曲qǔ
给gěi	轻qīng	片piàn	缴jiǎo	幻huàn	栋dòng	闰rùn	坪píng	沸fèi	蕊ruǐ
怀huái	眨zhǎ	穷qióng	块kuài	佛fó	选xuǎn	假jiǎ	云yún	遭zāo	设shè
挎kuà	神shén	车chē	晚wǎn	冲chōng	德dé	细xì	铁tiě	似sì	秦qín
嗤chī	蹿cuān	戳chuō	褪tuì	捌bā	脏zāng	赘zhuì	族zú	瘸qué	扭niǔ
据jù	因yīn	圈juàn	您nín	扳bān	声shēng	藏cáng	名míng	边biān	该gāi
瞎xiā	觉jué	体tǐ	牢láo	爽shuǎng	准zhǔn	逢féng	染rǎn	数shǔ	兹zī
单dān	着zhuó	闯chuǎng	浅qiǎn	沟gōu	相xiāng	镜jìng	六liù	尉wèi	灭miè
掉diào	嚎háo	摆bǎi	房fáng	果guǒ	纸zhǐ	门mén	固gù	耳ěr	渺miǎo

二、读多音节词语(100 个音节,共 20 分,限时 2.5 分钟)

苍茫cāngmáng	论据lùnjù	粽子zòngzi	假装jiǎzhuāng	原谅yuánliàng	模特儿mótèr	解渴jiěkě
飞行器fēixíngqì	成风chéngfēng	消融xiāoróng	打招呼dǎzhāohu	矿藏kuàngcáng	衰弱shuāiruò	孙女sūnnǚ
牛顿niúdùn	边陲biānchuí	秀才xiùcai	领略lǐnglüè	内政nèizhèng	有数儿yǒushùr	回环huíhuán
灾害zāihài	泯灭mǐnmiè	干燥gānzào	顶端dǐngduān	粪便fènbiàn	月饼yuèbǐng	病变bìngbiàn
雄蕊xióngruǐ	稳妥wěntuǒ	军区jūnqū	勤快qínkuai	电车diànchē	志向zhìxiàng	收摊儿shōutānr
贫穷pínqióng	支出zhīchū	檀香tánxiāng	学说xuéshuō	乞讨qǐtǎo	落款儿luòkuǎnr	天幕tiānmù
完满wánmǎn	险峻xiǎnjùn	谚语yànyǔ	争鸣zhēngmíng	电源diànyuán	大刀阔斧dàdāo-kuòfǔ	

三、朗读短文(400 个音节,共 30 分,限时 4 分钟)

作品 44 号——《纸的发明》

四、命题说话(请在下列话题中任选一个,共 40 分,限时 3 分钟)

1. 假日生活

2. 家庭对个人成长的影响

普通话水平测试考前冲刺试卷 12

一、读单音节字词(100个音节,共10分,限时3.5分钟)

囤 tuán	乖 guāi	岗 gǎng	跳 tiào	瓮 wèng	媒 méi	得 dé	杈 chà	冬 dōng	拧 níng
八 bā	徐 xú	此 cǐ	填 tián	黑 hēi	你 nǐ	滚 gǔn	车 chē	脏 zāng	鱼 yú
凑 còu	壬 rén	胚 pēi	定 dìng	铝 lǚ	迟 chí	揉 róu	放 fàng	广 guǎng	刷 shuā
班 bān	云 yún	资 zī	该 gāi	仄 zè	僧 sēng	糟 zāo	题 tí	圈 quān	双 shuāng
锤 chuí	千 qiān	爬 pá	真 zhēn	学 xué	洽 qià	耳 ěr	笼 lǒng	磨 mò	范 fàn
串 chuàn	减 jiǎn	奖 jiǎng	竟 jìng	秒 miǎo	话 huà	黄 huáng	捆 kǔn	挨 ái	翠 cuì
躲 duǒ	专 zhuān	憋 biē	水 shuǐ	咱 zán	捉 zhuō	富 fù	确 què	倒 dào	猎 liè
汗 hàn	丢 diū	说 shuō	害 hài	辆 liàng	苦 kǔ	皿 mǐn	贴 tiē	俩 liǎ	重 zhòng
救 jiù	冷 lěng	惹 rě	信 xìn	擒 qín	旋 xuán	块 kuài	抻 chēn	窖 jiào	损 sǔn
什 shí	枉 wǎng	穗 suì	枝 zhī	雄 xióng	母 mǔ	部 bù	缝 fèng	扭 niǔ	朝 zhāo

二、读多音节词语(100个音节,共20分,限时2.5分钟)

增生 zēngshēng	雄姿 xióngzī	关怀 guānhuái	群居 qúnjū	病情 bìngqíng	落实 luòshí	数据库 shùjùkù
随时 suíshí	商标 shāngbiāo	仲裁 zhòngcái	勋章 xūnzhāng	反响 fǎnxiǎng	庄稼 zhuāngjia	佳节 jiājié
木耳 mùěr	彪悍 biāohàn	口罩儿 kǒuzhàor	贫困 pínkùn	年底 niándǐ	吹捧 chuīpěng	体检 tǐjiǎn
女皇 nǚhuáng	确切 quèqiè	方法论 fāngfǎlùn	求学 qiúxué	拾掇 shíduo	表率 biǎoshuài	火星儿 huǒxīngr
通红 tōnghóng	折算 zhésuàn	采取 cǎiqǔ	恶化 èhuà	在这儿 zàizhèr	丑陋 chǒulòu	眉毛 méimao
谬论 miùlùn	雌雄 cíxióng	远古 yuǎngǔ	戳穿 chuōchuān	融资 róngzī	牙签儿 yáqiānr	资助 zīzhù
收养 shōuyǎng	良性 liángxìng	捍卫 hànwèi	法纪 fǎjì	肌肉 jīròu	高瞻远瞩 gāozhān-yuǎnzhǔ	

三、朗读短文(400个音节,共30分,限时4分钟)

作品41号——《颐和园》

四、命题说话(请在下列话题中任选一个,共40分,限时3分钟)

1. 生活中的诚信

2. 难忘的旅行

普通话水平测试考前冲刺试卷 13

一、读单音节字词（100 个音节，共 10 分，限时 3.5 分钟）

软ruǎn	强jiàng	哈hā	吨dūn	令lìng	迟chí	居jū	任rén	格gé	缝fèng
刘liú	寻xún	弹tán	哄hǒng	藤téng	咬yǎo	怯qiè	眠mián	耸sǒng	餐cān
揣chuāi	爪zhuǎ	仄zè	回huí	念niàn	他tā	制zhì	刮guā	兵bīng	鸟niǎo
凑còu	锤chuí	说shuō	虽suī	底dǐ	刚gāng	纯chún	壮zhuàng	烈liè	灼zhuó
税shuì	俯fǔ	霞xiá	形xíng	胚pēi	兄xiōng	放fàng	灭miè	拐guǎi	脑nǎo
荤hūn	宽kuān	劝quàn	翁wēng	豫yù	表biǎo	框kuàng	陕shǎn	桨jiǎng	情qíng
恶è	填tián	脉mài	诸zhū	鳞lín	颇pō	载zǎi	路lù	极jí	若ruò
丢diū	增zēng	柴chái	冲chōng	始shǐ	捐juān	考kǎo	杭háng	两liǎng	转zuǎn
霜shuāng	得děi	某mǒu	确què	编biān	笔bǐ	单dān	闻wén	色sè	滨bīn
份fèn	去qù	自zì	夹jiā	懂dǒng	组zǔ	雪xuě	刺cì	像xiàng	抿mǐn

二、读多音节词语（100 个音节，共 20 分，限时 2.5 分钟）

广博guǎngbó	赤诚chìchéng	娘家niángjia	脱胎tuōtāi	颓丧tuísàng	打杂儿dǎzár	领主lǐngzhǔ
灰烬huījìn	相声xiàngsheng	非得fēiděi	混沌hùndùn	衰败shuāibài	调停tiáotíng	特务tèwu
长足chángzú	明媚míngmèi	小偷儿xiǎotōur	随从suícóng	好感hǎogǎn	穷人qióngrén	挨个儿āigèr
吹拂chuīfú	贫穷pínqióng	导语dǎoyǔ	泪花lèihuā	捏造niēzào	覆盖fùgài	西红柿xīhóngshì
农垦nóngkěn	炽热chìrè	规矩guīju	誊写téngxiě	专家zhuānjiā	草本cǎoběn	查对cháduì
舌头shétou	反省fǎnxǐng	卓越zhuóyuè	痰盂儿tányúr	量子liàngzǐ	私下sīxià	膀胱pángguāng
太极拳tàijíquán	侵略qīnlüè	石榴shíliu	懒惰lǎnduò	纽带niǔdài	乏善可陈fáshàn-kěchén	

三、朗读短文（400 个音节，共 30 分，限时 4 分钟）

作品 27 号——《人类的语言》

四、命题说话（请在下列话题中任选一个，共 40 分，限时 3 分钟）

1. 对终身学习的看法

2. 老师

普通话水平测试考前冲刺试卷 14

一、读单音节字词(100 个音节,共 10 分,限时 3.5 分钟)

民 mín	紫 zǐ	耍 shuǎ	寨 zhài	瓮 wèng	啐 cuì	钻 zuān	闻 wén	铝 lǚ	黄 huáng
畜 xù	回 huí	乳 rǔ	巳 sì	活 huó	只 zhī	拐 guǎi	项 xiàng	卷 juǎn	每 měi
堆 duī	润 rùn	到 dào	磨 mò	领 lǐng	密 mì	龙 lóng	篇 piān	柴 chái	高 gāo
走 zǒu	切 qiē	顶 dǐng	夹 jiá	跟 gēn	袖 xiù	瘸 qué	蜂 fēng	尺 chǐ	厚 hòu
塞 sè	抢 qiǎng	测 cè	龚 gōng	垮 kuǎ	艳 yàn	荣 róng	赦 shè	祖 zǔ	雪 xuě
她 tā	贫 pín	帮 bāng	俯 fǔ	锻 duàn	畅 chàng	鳞 lín	擎 qíng	洁 jié	标 biāo
眶 kuàng	拽 zhuài	廷 tíng	全 quán	强 jiàng	吮 shǔn	局 jú	下 xià	碘 diǎn	桩 zhuāng
锤 chuí	扒 pá	尿 niào	声 shēng	考 kǎo	猎 liè	串 chuàn	张 zhāng	牛 niú	是 shì
托 tuō	补 bǔ	壹 yī	阿 ē	群 qún	返 fǎn	损 sǔn	鞭 biān	红 hóng	坟 fén
揪 jiū	泰 tài	给 gěi	灼 zhuó	璧 bì	磁 cí	增 zēng	填 tián	钠 nà	兄 xiōng

二、读多音节词语(100 个音节,共 20 分,限时 2.5 分钟)

澎湃 péngpài	借贷 jièdài	意思 yìsi	断层 duàncéng	手绢儿 shǒujuànr	复仇 fùchóu	荒漠 huāngmò
爽朗 shuǎnglǎng	整理 zhěnglǐ	耳鸣 ěrmíng	专程 zhuānchéng	衰减 shuāijiǎn	列强 lièqiáng	棉球儿 miánqiúr
委婉 wěiwǎn	思考 sīkǎo	懦弱 nuòruò	冤枉 yuānwang	治学 zhìxué	专区 zhuānqū	隔阂 géhé
推测 tuīcè	按钮 ànniǔ	明快 míngkuài	吓唬 xiàhu	稍稍 shāoshāo	转化 zhuǎnhuà	选手 xuǎnshǒu
堂皇 tánghuáng	风光 fēngguāng	金丝猴 jīnsīhóu	调整 tiáozhěng	温泉 wēnquán	吹拂 chuīfú	写法 xiěfǎ
做梦 zuòmèng	胸襟 xiōngjīn	顶牛儿 dǐngniúr	放纵 fàngzòng	霓虹灯 níhóngdēng	瓜子儿 guāzǐr	囊括 nángkuò
蒙蔽 méngbì	料理 liàolǐ	教案 jiàoàn	浑浊 húnzhuó	礼节 lǐjié	有条不紊 yǒutiáo-bùwěn	

三、朗读短文(400 个音节,共 30 分,限时 4 分钟)

作品 19 号——《敬畏自然》

四、命题说话(请在下列话题中任选一个,共 40 分,限时 3 分钟)

1. 我了解的十二生肖

2. 朋友

普通话水平测试考前冲刺试卷 15

一、读单音节字词(100 个音节,共 10 分,限时 3.5 分钟)

柒qī	储chǔ	详xiáng	腊là	占zhàn	屏bǐng	咋zǎ	轴zhóu	训xùn	美měi
挺tǐng	冲chōng	职zhí	耍shuǎ	凹āo	歌gē	踢tī	房fáng	久jiǔ	目mù
贴tiē	苏sū	佛fó	梦mèng	别bié	着zhuó	嘴zuǐ	容róng	折zhé	残cán
瓮wèng	瞧qiáo	画huà	凝níng	装zhuāng	称chèn	获huò	挖wā	彻chè	果guǒ
揣chuāi	煅duàn	涝lào	框kuàng	弄nòng	帘lián	导dǎo	捐juān	洽qià	滨bīn
假jià	费fèi	怀huái	绷bēng	兄xiōng	娘niáng	钢gāng	据jù	给gěi	死sǐ
铺pū	干gān	填tián	传zhuàn	卖mài	推tuī	很hěn	劝quàn	日rì	鳃sāi
润rùn	滋zī	晃huǎng	蜂fēng	存cún	剩shèng	境jìng	瞥piē	喜xǐ	水shuǐ
攒cuán	查chá	丢diū	品pǐn	庙miào	店diàn	柳liǔ	量liáng	穷qióng	控kòng
岳yuè	柏bǎi	栽zāi	旗qí	雪xuě	蹲dūn	楼lóu	脏zāng	始shǐ	豫yù

二、读多音节词语(100 个音节,共 20 分,限时 2.5 分钟)

放纵fàngzòng	自在zìzài	过滤guòlǜ	短波duǎnbō	玷污diànwū	偏偏piānpiān	血型xuèxíng
参军cānjūn	融洽róngqià	价值观jiàzhíguān	戒备jièbèi	橱窗chúchuāng	始祖shǐzǔ	正面zhèngmiàn
刀把儿dāobàr	领地lǐngdì	破裂pòliè	侵吞qīntūn	衰亡shuāiwáng	老本儿lǎoběnr	公共gōnggòng
穷困qióngkùn	损害sǔnhài	开窍儿kāiqiàor	降水jiàngshuǐ	摘除zhāichú	题词tící	云朵yúnduǒ
委屈wěiqu	钦差qīnchāi	停泊tíngbó	谴责qiǎnzé	天国tiānguó	财会cáikuài	本体běntǐ
窗子chuāngzi	长短chángduǎn	迷茫mímáng	融洽róngqià	基本功jīběngōng	急迫jípò	海参hǎishēn
妹妹mèimei	戏法儿xìfǎr	主权zhǔquán	预测yùcè	上市shàngshì	对症下药duìzhèng-xiàyào

三、朗读短文(400 个音节,共 30 分,限时 4 分钟)

作品 11 号——《观潮》

四、命题说话(请在下列话题中任选一个,共 40 分,限时 3 分钟)

1. 学习普通话(或其他语言)的体会
2. 我欣赏的历史人物

普通话水平测试考前冲刺试卷 16

一、读单音节字词（100 个音节，共 10 分，限时 3.5 分钟）

荫 yìn	六 liù	猫 māo	瞧 qiáo	苗 miáo	踹 chuài	给 gěi	勒 lè	握 wò	软 ruǎn
很 hěn	装 zhuāng	曰 yuē	纲 gāng	特 tè	缠 chán	党 dǎng	于 yú	籽 zǐ	奴 nú
费 fèi	串 chuàn	搓 cuō	苦 kǔ	腿 tuǐ	少 shǎo	凭 píng	甚 shèn	倒 dǎo	恰 qià
拧 níng	裹 guǒ	嗓 sǎng	翁 wēng	创 chuàng	圈 juān	宗 zōng	棍 gùn	信 xìn	浅 qiǎn
值 zhí	绝 jué	似 sì	铁 tiě	度 duó	杀 shā	藤 téng	否 fǒu	底 dǐ	舂 chōng
虑 lǜ	绵 mián	徽 huī	抚 fǔ	妮 nī	砸 zá	后 hòu	粮 liáng	脚 jiǎo	钻 zuān
迟 chí	害 hài	虽 suī	象 xiàng	夸 kuā	曲 qū	宿 xiǔ	强 jiàng	赘 zhuì	店 diàn
摄 shè	丛 cóng	篾 miè	凶 xiōng	笼 lǒng	器 qì	虾 xiā	论 lùn	始 shǐ	才 cái
发 fā	菌 jūn	狂 kuáng	增 zēng	臂 bì	准 zhǔn	仍 réng	饼 bǐng	行 xíng	淮 huái
属 zhǔ	该 gāi	分 fēn	滩 tān	别 bié	昂 áng	品 pǐn	般 bān	酒 jiǔ	佩 pèi

二、读多音节词语（100 个音节，共 20 分，限时 2.5 分钟）

穷困 qióngkùn	小葱儿 xiǎocōngr	搜寻 sōuxún	电视机 diànshìjī	募捐 mùjuān	衣裳 yīshang	跳高儿 tiàogāor
蜜蜂 mìfēng	火腿 huǒtuǐ	涅槃 nièpán	四围 sìwéi	钢铁 gāngtiě	大多数 dàduōshù	领略 lǐnglüè
喧哗 xuānhuá	出入 chūrù	追究 zhuījiū	张罗 zhāngluo	奶酪 nǎilào	豆芽儿 dòuyár	死板 sǐbǎn
志向 zhìxiàng	啧啧 zézé	排斥 páichì	窘迫 jiǒngpò	电量 diànliàng	冷暖 lěngnuǎn	瞄准 miáozhǔn
懊恼 àonǎo	饭馆儿 fànguǎnr	辉煌 huīhuáng	甚而 shèn'ér	轮流 lúnliú	颈椎 jǐngzhuī	跳蚤 tiàozao
把柄 bǎbǐng	飞禽 fēiqín	融化 rónghuà	傀儡 kuǐlěi	直肠 zhícháng	空间 kōngjiān	装运 zhuāngyùn
水箱 shuǐxiāng	图腾 túténg	夹缝儿 jiāfèngr	书籍 shūjí	环球 huánqiú	海市蜃楼 hǎishì-shènlóu	

三、朗读短文（400 个音节，共 30 分，限时 4 分钟）

作品 2 号——《春》

四、命题说话（请在下列话题中任选一个，共 40 分，限时 3 分钟）

1. 家庭对个人成长的影响

2. 我的兴趣爱好

普通话水平测试考前冲刺试卷 17

一、读单音节字词(100个音节,共10分,限时3.5分钟)

戊wù	爽shuǎng	育yù	推tuī	令lìng	籽zǐ	革gé	能néng	韧rèn	别bié
讲jiǎng	硅guī	仅jǐn	涮shuàn	挺tǐng	偏piān	弱ruò	留liú	擎qíng	斥chì
昂áng	凶xiōng	桦huà	佛fó	单dān	刮guā	圃pǔ	鬓bìn	续xù	沸fèi
辟pì	棉mián	块kuài	酿niàng	抿mǐn	房fáng	采cǎi	僧sēng	神shén	狗gǒu
死sǐ	铁tiě	撤chè	觉jué	哟yō	冷lěng	酒jiǔ	抱bào	陈chén	惹rě
宋sòng	室shì	丢diū	执zhí	走zǒu	交jiāo	瓮wèng	宗zōng	桃táo	躲duǒ
区qū	繁fán	既jì	强qiáng	目mù	虾xiā	纯chún	这zhè	盖gài	储chǔ
恰qià	说shuō	墩dūn	旋xuán	耐nài	黄huáng	累léi	葬zàng	寻xún	耗hào
镁měi	筐kuāng	混hún	拥yōng	调diào	转zhuǎn	抹mā	造zào	蚕cán	扁biǎn
席xí	兵bīng	逐zhú	奎kuí	踢tī	争zhēng	坏huài	卵luǎn	丛cóng	劝quàn

二、读多音节词语(100个音节,共20分,限时2.5分钟)

苍穹cāngqióng	春光chūnguāng	贯穿guànchuān	兄弟xiōngdi	损失sǔnshī	瓜瓤儿guārángr	各别gèbié
尽早jǐnzǎo	枕头zhěntou	迅速xùnsù	屈从qūcóng	辽阔liáokuò	自得zìdé	夫妻fūqī
锤炼chuíliàn	锦标赛jǐnbiāosài	施政shīzhèng	守卫shǒuwèi	本家běnjiā	牛皮niúpí	冒尖儿màojiānr
论点lùndiǎn	活泼huópo	领海lǐnghǎi	确凿quèzáo	差价chājià	直播zhíbō	胎儿tāier
叫唤jiàohuàn	蜗牛wōniú	落地luòdì	感染gǎnrǎn	周报zhōubào	侧重cèzhòng	放炮fàngpào
骗取piànqǔ	人缘儿rényuánr	蜘蛛zhīzhū	灯笼dēnglong	冲刷chōngshuā	胡同儿hútòngr	凉快liángkuai
场景chǎngjǐng	辉煌huīhuáng	非法fēifǎ	摄像机shèxiàngjī	适应shìyìng	无动于衷wúdòngyúzhōng	

三、朗读短文(400个音节,共30分,限时4分钟)

作品25号——《清塘荷韵》

四、命题说话(请在下列话题中任选一个,共40分,限时3分钟)

1. 自律与我
2. 我喜爱的植物

普通话水平测试考前冲刺试卷 18

一、读单音节字词（100个音节，共10分，限时3.5分钟）

愣lèng	座zuò	别bié	擦cā	紫zǐ	搓cuō	伍wǔ	缎duàn	运yùn	阿ā
捆kǔn	佛fó	理lǐ	都dōu	权quán	明míng	方fāng	酸suān	紧jǐn	屯tún
冰bīng	灭miè	幸xìng	洽qià	领lǐng	锤chuí	横héng	累lěi	藤téng	续xù
韧rèn	球qiú	滑huá	快kuài	秒miǎo	翻fān	酿niàng	兄xiōng	装zhuāng	久jiǔ
择zé	年nián	瓜guā	素sù	榕róng	过guò	场chǎng	蜂fēng	闯chuǎng	瞎xiā
海hǎi	霜shuāng	胚pēi	测cè	拐guǎi	脚jiǎo	刀dāo	贴tiē	渠qú	藻zǎo
题tí	溶róng	渡dù	这zhè	宽kuān	食shí	宗zōng	蒋jiǎng	童tóng	卜bǔ
哈hā	桂guì	秘mì	蠢chǔn	剖pōu	尾wěi	乐lè	瘸qué	迟chí	像xiàng
会huì	演yǎn	恩ēn	宅zhái	鬓bìn	卷juǎn	龚gōng	睡shuì	执zhí	辩biàn
篇piān	林lín	牛niú	漱shù	党dǎng	鳃sāi	深shēn	学xué	据jù	站zhàn

二、读多音节词语（100个音节，共20分，限时2.5分钟）

增添zēngtiān	合群儿héqúnr	参军cānjūn	诡辩guǐbiàn	保龄球bǎolíngqiú	浅显qiǎnxiǎn	略微lüèwēi
辖区xiáqū	胳膊gēbo	推选tuīxuǎn	婆婆pópo	丰富fēngfù	半道儿bàndàor	交锋jiāofēng
殖民zhímín	混沌hùndùn	美化měihuà	区分qūfēn	蚂蚁mǎyǐ	胸腔xiōngqiāng	损伤sǔnshāng
堤防dīfáng	丢掉diūdiào	号码儿hàomǎr	择菜zháicài	瓜子儿guāzǐr	早点zǎodiǎn	富翁fùwēng
打鸣儿dǎmíngr	食粮shíliáng	快乐kuàilè	总统zǒngtǒng	自然zìrán	嘟囔dūnang	内乱nèiluàn
敏捷mǐnjié	学徒xuétú	嫦娥Cháng'é	生死shēngsǐ	来者láizhě	昂首ángshǒu	究竟jiūjìng
想象力xiǎngxiànglì	雕琢diāozhuó	渡船dùchuán	器皿qìmǐn	时代shídài	垂头丧气chuítóu-sàngqì	

三、朗读短文（400个音节，共30分，限时4分钟）

作品33号——《天地九重》

四、命题说话（请在下列话题中任选一个，共40分，限时3分钟）

1. 谈谈卫生与健康

2. 劳动的体会

普通话水平测试考前冲刺试卷 19

一、读单音节字词(100个音节,共10分,限时3.5分钟)

让ràng	喂wèi	洞dòng	宁níng	拐guǎi	乐lè	瞥piē	活huó	等děng	饶ráo
谬miù	云yún	俩liǎ	存cún	盘pán	羔gāo	晴qíng	柏bǎi	蓄xù	帖tiě
将jiāng	您nín	波bō	圆yuán	根gēn	铜tóng	了liǎo	救jiù	复fù	瞅chǒu
脏zāng	雪xuě	溶róng	次cì	吹chuī	炸zhà	浅qiǎn	荒huāng	嘴zuǐ	新xīn
剖pōu	兼jiān	铝lǚ	快kuài	扇shān	给gěi	状zhuàng	稍shāo	管guǎn	昂áng
瘸qué	振zhèn	灭miè	椎zhuī	花huā	分fēn	纵zòng	双shuāng	数shǔ	腿tuǐ
柳liǔ	夹jiá	紫zǐ	哭kū	常cháng	爪zhuǎ	兄xiōng	崩bēng	车chē	口kǒu
魂hún	赛sài	猫māo	骂mà	戳chuō	蹿cuān	得dé	挤jǐ	取qǔ	圈juān
校xiào	墙qiáng	食shí	南nán	讽fěng	垫diàn	缎duàn	职zhí	哀āi	涩sè
穷qióng	晤wù	巷xiàng	左zuǒ	题tí	匪fěi	僧sēng	饼bǐng	臀tún	莱lái

二、读多音节词语(100个音节,共20分,限时2.5分钟)

钾肥jiǎféi	杏仁儿xìngrénr	揣摩chuǎimó	推迟tuīchí	自觉zìjué	烈日lièrì	杀菌shājūn
强烈qiángliè	翻滚fāngǔn	探询tànxún	责任zérèn	民谣mínyáo	在场zàichǎng	贫穷pínqióng
忘我wàngwǒ	抓获zhuāhuò	决死juésǐ	资源zīyuán	对答duìdá	果冻儿guǒdòngr	转手zhuǎnshǒu
糊涂hútu	退回tuìhuí	殖民zhímín	曲目qǔmù	旅馆lǚguǎn	浓缩nóngsuō	纽扣儿niǔkòur
电话diànhuà	起点qǐdiǎn	道士dàoshi	风帆fēngfān	标兵biāobīng	纽扣niǔkòu	大气层dàqìcéng
行船xíngchuán	打量dǎliang	装配zhuāngpèi	充裕chōngyù	拉力赛lālìsài	讹诈ézhà	牙刷儿yáshuār
预料yùliào	导致dǎozhì	比喻bǐyù	传染chuánrǎn	悄声qiāoshēng	厚积薄发hòujī-bófā	

三、朗读短文(400个音节,共30分,限时4分钟)

作品38号——《夜间飞行的秘密》

四、命题说话(请在下列话题中任选一个,共40分,限时3分钟)

1. 对环境保护的认识

2. 家乡(或熟悉的地方)

普通话水平测试考前冲刺试卷 20

一、读单音节字词(100 个音节,共 10 分,限时 3.5 分钟)

流liú	恩ēn	铝lǚ	始shǐ	赘zhuì	琼qióng	侧cè	堆duī	尚shàng	黑hēi
暖nuǎn	需xū	丝sī	病bìng	产chǎn	孔kǒng	猛měng	左zuǒ	降xiáng	酶méi
熔róng	闹nào	卷juǎn	棉mián	很hěn	丛cóng	固gù	理lǐ	翻fān	连lián
江jiāng	铺pū	窥kuī	脏zāng	训xùn	谋móu	撇piē	夏xià	迟chí	别bié
耐nài	存cún	印yìn	载zài	价jià	垮kuǎ	泡pào	心xīn	僧sēng	贴tiē
置zhì	拉lá	锅guō	粪fèn	臂bì	帅shuài	皇huáng	最zuì	滚gǔn	妃fēi
呛qiāng	锦jǐn	亭tíng	越yuè	磨mó	瘸qué	摘zhāi	春chūn	桔jié	幢chuáng
都dū	秋qiū	了liǎo	刮guā	倾qīng	摄shè	访fǎng	痛tòng	局jú	酸suān
惹rě	锻duàn	泉quán	壮zhuàng	蔓wàn	喳zhā	枉wǎng	梗gěng	饶ráo	敌dí
着zháo	省shěng	籽zǐ	填tián	揣chuāi	抚fǔ	斗dǒu	阿ā	和huó	表biāo

二、读多音节词语(100 个音节,共 20 分,限时 2.5 分钟)

运转yùnzhuǎn	弹劾tánhé	怪不得guàibude	苍穹cāngqióng	庄稼zhuāngjia	常住chángzhù	戳穿chuōchuān
本人běnrén	宁可nìngkě	铁轨tiěguǐ	凝结níngjié	光亮guāngliàng	唆使suōshǐ	行星xíngxīng
剥削bōxuē	流量liúliàng	叙事xùshì	照片儿zhàopiānr	铁轨tiěguǐ	非法fēifǎ	苛刻kēkè
直观zhíguān	对等duìděng	脸盘儿liǎnpánr	搜寻sōuxún	热门rèmén	勘探kāntàn	哀愁āichóu
出生率chūshēnglǜ	粮食liángshi	平均píngjūn	斑白bānbái	南瓜nánguā	阻挡zǔdǎng	挑剔tiāoti
创汇chuànghuì	打盹儿dǎdǔnr	纯净chúnjìng	资方zīfāng	机车jīchē	没准儿méizhǔnr	恰似qiàsì
痛快tòngkuài	铁匠tiějiàng	收敛shōuliǎn	委派wěipài	一流yīliú	燃眉之急ránméizhījí	

三、朗读短文(400 个音节,共 30 分,限时 4 分钟)

作品42号——《忆读书》

四、命题说话(请在下列话题中任选一个,共 40 分,限时 3 分钟)

1. 我的理想(或愿望)

2. 童年生活

普通话水平测试考前冲刺试卷 21

一、读单音节字词(100个音节,共10分,限时3.5分钟)

拉 lā	前 qián	懂 dǒng	铝 lǚ	僧 sēng	滴 dī	瓦 wǎ	食 shí	男 nán	训 xùn
后 hòu	凤 fèng	哄 hǒng	闯 chuǎng	闰 rùn	醒 xǐng	增 zēng	盔 kuī	角 jué	器 qì
死 sǐ	赏 shǎng	遮 zhē	胚 pēi	告 gào	丢 diū	架 jià	矮 ǎi	熊 xióng	揣 chuāi
液 yè	蕊 ruǐ	望 wàng	着 zhuó	革 gé	甫 fǔ	籽 zǐ	贬 biǎn	巷 xiàng	蹲 dūn
臊 sāo	颇 pō	板 bǎn	寒 hán	明 míng	流 liú	唧 jī	保 bǎo	畜 xù	抢 qiāng
装 zhuāng	并 bìng	甩 shuǎi	聋 lóng	舱 cāng	剖 pōu	娘 niáng	麝 shè	码 mǎ	沽 gū
越 yuè	还 huán	疼 téng	中 zhōng	木 mù	刷 shuā	卷 juàn	给 gěi	碘 diǎn	锤 chuí
琼 qióng	隐 yǐn	谜 mí	简 jiǎn	拖 tuō	分 fēn	醉 zuì	振 zhèn	台 tái	虾 xiā
初 chū	磷 lín	内 nèi	倾 qīng	敲 qiāo	说 shuō	框 kuàng	渺 miǎo	唬 hǔ	诫 jiè
宽 kuān	崽 zǎi	遭 zāo	团 tuán	存 cún	旧 jiù	跟 gēn	放 fàng	次 cì	帖 tiè

二、读多音节词语(100个音节,共20分,限时2.5分钟)

飞船 fēichuán	讲理 jiǎnglǐ	琐碎 suǒsuì	贫穷 pínqióng	相称 xiāngchèn	挨个儿 āigèr	穷尽 qióngjìn
在家 zàijiā	教科书 jiàokēshū	翰林 hànlín	观点 guāndiǎn	装卸 zhuāngxiè	舞场 wǔchǎng	准绳 zhǔnshéng
脸蛋儿 liǎndànr	留学 liúxué	蛤蟆 háma	衰弱 shuāiruò	成亲 chéngqīn	植被 zhíbèi	暴风雨 bàofēngyǔ
伏贴 fútiē	纯粹 chúncuì	饭盒儿 fànhér	白天 báitiān	简朴 jiǎnpǔ	谋略 móulüè	吆喝 yāohe
提名 tímíng	草率 cǎoshuài	人群 rénqún	支队 zhīduì	根子 gēnzi	久仰 jiǔyǎng	手套儿 shǒutàor
卖命 màimìng	东欧 dōngōu	请求 qǐngqiú	稿费 gǎofèi	蕴涵 yùnhán	天空 tiānkōng	湿润 shīrùn
音符 yīnfú	自强 zìqiáng	黝黑 yǒuhēi	市政 shìzhèng	派生 pàishēng	嘻嘻哈哈 xīxī-hāhā

三、朗读短文(400个音节,共30分,限时4分钟)

作品49号——《走下领奖台,一切从零开始》

四、命题说话(请在下列话题中任选一个,共40分,限时3分钟)

1. 对团队精神的理解
2. 向往的地方

普通话水平测试考前冲刺试卷 22

一、读单音节字词(100 个音节,共 10 分,限时 3.5 分钟)

高 gāo	壁 bì	劝 quàn	现 xiàn	楼 lóu	冲 chōng	菌 jūn	瞥 piē	视 shì	点 diǎn
揩 kāi	态 tài	绝 jué	罕 hǎn	咯 kǎ	雪 xuě	标 biāo	拧 nìng	担 dān	准 zhǔn
兵 bīng	铝 lǚ	调 diào	写 xiě	疼 téng	圈 juàn	抢 qiǎng	擦 cā	弄 nòng	沸 fèi
特 tè	陈 chén	爪 zhuǎ	此 cǐ	对 duì	竹 zhú	团 tuán	鼓 gǔ	号 háo	门 mén
常 cháng	面 miàn	粮 liáng	换 huàn	需 xū	广 guǎng	六 liù	杀 shā	瓮 wèng	度 duó
荒 huāng	死 sǐ	臊 sāo	辖 xiá	蚁 yǐ	拽 zhuài	籽 zǐ	盛 shèng	赋 fù	说 shuō
荷 hè	有 yǒu	遵 zūn	民 mín	总 zǒng	锥 zhuī	返 fǎn	穷 qióng	夹 jiá	围 wéi
入 rù	秦 qín	赏 shǎng	砰 pēng	究 jiū	卦 guà	爽 shuǎng	恩 ēn	产 chǎn	帮 bāng
冻 dòng	臀 tún	槐 huái	名 míng	软 ruǎn	脑 nǎo	配 pèi	窥 kuī	搓 cuō	佛 fó
临 lín	鬼 guǐ	栽 zāi	勒 lè	僧 sēng	球 qiú	晶 jīng	持 chí	凤 fèng	蔑 miè

二、读多音节词语(100 个音节,共 20 分,限时 2.5 分钟)

自觉 zìjué	膨大 péngdà	掌握 zhǎngwò	泪珠儿 lèizhūr	旅馆 lǚguǎn	沧桑 cāngsāng	自得 zìdé
可喜 kěxǐ	宣传 xuānchuán	繁华 fánhuá	农田 nóngtián	再造 zàizào	坐落 zuòluò	花边 huābiān
荷尔蒙 hé'ěrméng	学问 xuéwen	担当 dāndāng	重修 chóngxiū	懒散 lǎnsǎn	体魄 tǐpò	灯光 dēngguāng
振奋 zhènfèn	唱腔 chàngqiāng	抽空儿 chōukòngr	把手 bǎshou	镊子 nièzi	打扫 dǎsǎo	穷人 qióngrén
找寻 zhǎoxún	装运 zhuāngyùn	钾肥 jiǎféi	连衣裙 liányīqún	朦胧 ménglóng	绿化 lǜhuà	骨髓 gǔsuǐ
飘然 piāorán	牌楼 páilou	调制 tiáozhì	衰变 shuāibiàn	千金 qiānjīn	非法 fēifǎ	蒜瓣儿 suànbànr
轮椅 lúnyǐ	疗程 liáochéng	浑厚 húnhòu	阅读 yuèdú	剖面 pōumiàn	迫在眉睫 pòzàiméijié

三、朗读短文(400 个音节,共 30 分,限时 4 分钟)

作品 34 号——《我的老师》

四、命题说话(请在下列话题中任选一个,共 40 分,限时 3 分钟)

1. 谈个人修养

2. 我喜欢的美食

普通话水平测试考前冲刺试卷 23

一、读单音节字词(100个音节,共10分,限时3.5分钟)

穷qióng	臀tún	翠cuì	换huàn	笑xiào	篇piān	游yóu	爪zhuǎ	场chǎng	非fēi
桂guì	籽zǐ	侯hóu	弹dàn	疆jiāng	塞sè	来lái	咱zán	照zhào	主zhǔ
停tíng	僧sēng	虫chóng	夫fū	天tiān	挫cuò	窝wō	嚷rǎng	少shǎo	菌jūn
鸟niǎo	米mǐ	救jiù	您nín	曲qū	浓nóng	悬xuán	具jù	两liǎng	爽shuǎng
赠zèng	谎huǎng	拐guǎi	泉quán	蔑miè	德dé	帖tiè	骂mà	盲máng	大dà
空kòng	阙què	洽qià	吨dūn	窥kuī	兵bīng	挨āi	刷shuā	令lǐng	移yí
落là	足zú	虾xiā	短duǎn	瓤ráng	者zhě	陪péi	谬miù	晶jīng	此cǐ
血xiě	劲jìn	座zuò	流liú	该gāi	寒hán	品pǐn	任rèn	摔shuāi	蹄tí
贩fàn	醇chún	卜bǔ	篆zhuàn	悲bēi	侯hóu	若ruò	锤chuí	牢láo	奉fèng
变biàn	搁gē	始shǐ	肯kěn	强qiǎng	光guāng	翁wēng	学xué	戍xū	茵yīn

二、读多音节词语(100个音节,共20分,限时2.5分钟)

精明jīngmíng	的确díquè	小熊儿xiǎoxióngr	退学tuìxué	争气zhēngqì	村寨cūnzhài	朋友péngyou
浸润jìnrùn	民航mínháng	蜿蜒wānyán	罗列luóliè	家眷jiājuàn	灌区guànqū	量词liàngcí
可耻kěchǐ	入场券rùchǎngquàn	揣摩chuǎimó	石子儿shízǐr	识别shíbié	平安píng'ān	裁缝cáifeng
退休tuìxiū	恰好qiàhǎo	姿态zītài	逗乐儿dòulèr	方面fāngmiàn	行当hángdang	实在shízài
干杯gānbēi	满载mǎnzài	雪亮xuěliàng	连累liánlei	想法xiǎngfǎ	学校xuéxiào	早饭zǎofàn
涡流wōliú	小曲儿xiǎoqǔr	打赌dǎdǔ	化装huàzhuāng	吉普车jípǔchē	浓重nóngzhòng	全能quánnéng
皮层pícéng	群众qúnzhòng	刻度kèdù	流域liúyù	光滑guānghuá	惊心动魄jīngxīn-dòngpò	

三、朗读短文(400个音节,共30分,限时4分钟)

作品23号——《莫高窟》

四、命题说话(请在下列话题中任选一个,共40分,限时3分钟)

1. 如何保持良好的心态

2. 我喜欢的节日

普通话水平测试考前冲刺试卷 24

一、读单音节字词(100个音节,共10分,限时3.5分钟)

棉mián	房fáng	颌hé	栽zāi	加jiā	甜tián	题tí	轴zhóu	醒xǐng	创chuàng
笑xiào	给gěi	既jì	灯dēng	黑hēi	哦ò	嗓sǎng	泳yǒng	哇qí	瑟sè
鼎dǐng	俩liǎ	退tuì	部bù	佛fó	造zào	锣luó	奉fèng	赘zhuì	卡kǎ
涮shuàn	跑pǎo	报bào	乐lè	耍shuǎ	学xué	泥ní	采cǎi	日rì	年nián
混hùn	果guǒ	阿ē	权quán	似sì	拐guǎi	帮bāng	啪pā	眨zhǎ	斗dǒu
民mín	棍gùn	左zuǒ	吹chuī	音yīn	踹chuài	圈juàn	呛qiāng	紫zǐ	聘pìn
闷mèn	凡fán	青qīng	宿xiǔ	施shī	瘸qué	钻zuān	菌jūn	舜shùn	绿lǜ
别bié	堆duī	秋qiū	班bān	娘niáng	冷lěng	句jù	苗miáo	晃huǎng	川chuān
逛guàng	救jiù	徒tú	擦cā	站zhàn	舞wǔ	海hǎi	容róng	熟shú	像xiàng
种zhǒng	雄xióng	坑kēng	齿chǐ	夸kuā	瞥piē	次cì	重chóng	尾wěi	爹diē

二、读多音节词语(100个音节,共20分,限时2.5分钟)

粉末fěnmò	杯子bēizi	二维码èrwéimǎ	领口lǐngkǒu	穷尽qióngjìn	隔绝géjué	中旬zhōngxún
事实shìshí	铁蹄tiětí	荒谬huāngmiù	人影儿rényǐngr	凝望níngwàng	衰变shuāibiàn	军区jūnqū
甘蔗gānzhe	直率zhíshuài	表格biǎogé	嗓门儿sǎngménr	皮肉píròu	左手zuǒshǒu	敏锐mǐnruì
噩梦èmèng	水准shuǐzhǔn	队伍duìwu	橱窗chúchuāng	风筝fēngzheng	火罐儿huǒguànr	绿化lǜhuà
胆固醇dǎngùchún	苛刻kēkè	吞吐tūntǔ	庆幸qìngxìng	耽搁dānge	篮球lánqiú	魔鬼móguǐ
衣兜儿yīdōur	下跌xiàdiē	款待kuǎndài	识别shíbié	火把huǒbǎ	板栗bǎnlì	功勋gōngxūn
剧情jùqíng	石料shíliào	香料xiāngliào	蚱蜢zhàměng	集权jíquán	与日俱增 yǔrì-jùzēng

三、朗读短文(400个音节,共30分,限时4分钟)

作品20号——《看戏》

四、命题说话(请在下列话题中任选一个,共40分,限时3分钟)

1. 对美的看法

2. 网络时代的生活

普通话水平测试考前冲刺试卷 25

一、读单音节字词(100 个音节,共 10 分,限时 3.5 分钟)

省 shěng	并 bìng	陈 chén	别 bié	扎 zā	定 dìng	尸 shī	革 gé	揣 chuāi	觅 mì
撇 piē	躯 qū	挑 tiāo	崽 zǎi	团 tuán	愈 yù	担 dān	哪 nǎ	恰 qià	快 kuài
装 zhuāng	鳃 sāi	躲 duǒ	俩 liǎ	增 zēng	松 sōng	人 rén	捎 shāo	凤 fèng	薄 bó
德 dé	混 hùn	选 xuǎn	改 gǎi	死 sǐ	靖 jìng	两 liǎng	训 xùn	浅 qiǎn	抓 zhuā
戳 chuō	奸 jiān	簿 bù	腭 è	扭 niǔ	嚷 rǎng	腿 tuǐ	苗 miáo	归 guī	磷 lín
廓 kuò	灭 miè	棒 bàng	后 hòu	约 yuē	仄 zè	碗 wǎn	逐 zhú	肥 féi	挺 tǐng
球 qiú	富 fù	尚 shàng	侵 qīn	翅 chì	铝 lǚ	山 shān	缓 huǎn	旁 páng	分 fèn
圈 juàn	卵 luǎn	得 děi	将 jiāng	窗 chuāng	稀 xī	就 jiù	雄 xióng	光 guāng	雀 cuè
供 gòng	曾 céng	超 chāo	谋 móu	啐 cuì	挎 kuà	屯 tún	老 lǎo	滋 zī	熔 róng
哈 hā	质 zhì	寸 cùn	威 wēi	矮 ǎi	缀 zhuì	目 mù	即 jí	年 nián	祥 xiáng

二、读多音节词语(100 个音节,共 20 分,限时 2.5 分钟)

通风 tōngfēng	娇嫩 jiāonèn	廉洁 liánjié	军人 jūnrén	狭窄 xiázhǎi	处暑 chǔshǔ	体味 tǐwèi
防寒 fánghán	透亮儿 tòuliàngr	专断 zhuānduàn	同步 tóngbù	峡谷 xiágǔ	诙谐 huīxié	隔阂 géhé
海口 hǎikǒu	骆驼 luòtuo	光芒 guāngmáng	偏旁 piānpáng	从军 cóngjūn	掠夺 lüèduó	牙签儿 yáqiānr
遵照 zūnzhào	损坏 sǔnhuài	潺潺 chánchán	到处 dàochù	决死 juésǐ	苗条 miáotiao	自然 zìrán
率领 shuàilǐng	犬齿 quǎnchǐ	多边形 duōbiānxíng	乘凉 chéngliáng	能耐 néngnai	跳高 tiàogāo	抓阄儿 zhuājiūr
采取 cǎiqǔ	点心 diǎnxin	亲昵 qīnnì	而后 érhòu	虽说 suīshuō	转身 zhuǎnshēn	灯泡儿 dēngpàor
末尾 mòwěi	主人公 zhǔréngōng	模范 mófàn	个体 gètǐ	芥末 jièmo	坚韧不拔 jiānrèn-bùbá

三、朗读短文(400 个音节,共 30 分,限时 4 分钟)

作品 12 号——《孩子和秋风》

四、命题说话(请在下列话题中任选一个,共 40 分,限时 3 分钟)

1. 对幸福的理解
2. 我喜爱的艺术形式

普通话水平测试考前冲刺试卷 26

一、读单音节字词(100 个音节,共 10 分,限时 3.5 分钟)

返fǎn	荒huāng	抿mǐn	火huǒ	菌jūn	灰huī	此cǐ	航háng	熊xióng	层céng
株zhū	全quán	床chuáng	鬓bìn	嘴zuǐ	刘liú	耍shuǎ	沟gōu	做zuò	插chā
日rì	拐guǎi	扯chě	整zhěng	洽qià	了liǎo	语yǔ	泥ní	白bái	喝hè
滚gǔn	辆liàng	说shuō	谬miù	酸suān	铜tóng	瓮wèng	植zhí	屯tún	非fēi
面miàn	穿chuān	秦qín	玖jiǔ	战zhàn	第dì	篇piān	瞧qiáo	松sōng	另lìng
担dān	响xiǎng	据jù	切qiē	朝cháo	给gěi	怨yuàn	衰shuāi	擦cā	垮kuǎ
姜jiāng	帖tiě	路lù	泡pào	觉jué	歌gē	醒xǐng	藻zǎo	方fāng	揩kāi
教jiāo	摘zhāi	队duì	涮shuàn	破pò	假jiǎ	脏zāng	门mén	能néng	矮ǎi
替tì	列liè	奔bèn	吮shǔn	幅fú	狂kuáng	耙bà	秀xiù	定dìng	死sǐ
得děi	学xué	念niàn	冲chōng	肉ròu	咳ké	惹rě	攒zǎn	蜕tuì	焚fén

二、读多音节词语(100 个音节,共 20 分,限时 2.5 分钟)

低层dīcéng	人群rénqún	政客zhèngkè	上升shàngshēng	派出所pàichūsuǒ	是否shìfǒu	主管zhǔguǎn
蘑菇mógu	榔头lángtou	损坏sǔnhuài	顺势shùnshì	摸黑儿mōhēir	穷困qióngkùn	破裂pòliè
抚恤fǔxù	花蕾huālěi	茶馆儿cháguǎnr	调价tiáojià	踉跄liàngqiàng	稿纸gǎozhǐ	精锐jīngruì
饭盒儿fànhér	衰落shuāiluò	渔夫yúfū	希有xīyǒu	苍白cāngbái	刹那chànà	小脑xiǎonǎo
门口儿ménkǒur	雄姿xióngzī	窗子chuāngzi	求救qiújiù	磁场cíchǎng	短跑duǎnpǎo	圆舞曲yuánwǔqǔ
南边nánbiān	倒挂dàoguà	明白míngbai	归队guīduì	诀别juébié	装置zhuāngzhì	总统zǒngtǒng
闸门zhámén	烟幕yānmù	讨伐tǎofá	嗓门sǎngmén	佩戴pèidài	全力以赴quánlìyǐfù

三、朗读短文(400 个音节,共 30 分,限时 4 分钟)

作品 7 号——《当今"千里眼"》

四、命题说话(请在下列话题中任选一个,共 40 分,限时 3 分钟)

1. 谈个人修养

2. 我了解的地域文化(或风俗)

普通话水平测试考前冲刺试卷 27

一、读单音节字词(100 个音节,共 10 分,限时 3.5 分钟)

给gěi	我wǒ	猛měng	梢shāo	铺pū	分fēn	纲gāng	座zuò	穷qióng	曾céng
直zhí	话huà	赔péi	帖tiè	开kāi	秘mì	装zhuāng	陶táo	冷lěng	豆dòu
器qì	垫diàn	绷bēng	扯chě	饶ráo	狗gǒu	宗zōng	边biān	调diào	洪hóng
霜shuāng	瞥piē	全quán	熊xióng	快kuài	躺tǎng	隔gé	出chū	籽zǐ	白bái
卷juǎn	懂dǒng	宿xiǔ	顿dùn	啐cuì	较jiào	算suàn	酿niàng	秦qín	灭niè
俩liǎ	群qún	鲫jì	瓦wǎ	寒hán	经jīng	抢qiǎng	夏xià	举jǔ	棉mián
抓zhuā	锐ruì	准zhǔn	室shì	啥shá	广guǎng	散sàn	擦cā	阿ē	说shuō
形xíng	铝lǚ	铜tóng	尖jiān	曰yuē	航háng	持chí	混hún	挨ái	厅tīng
翻fān	病bìng	腹fù	豫yù	震zhèn	缠chán	扭niǔ	细xì	瘤liú	锤chuí
倪ní	帅shuài	民mín	裸luǒ	栽zāi	主zhǔ	款kuǎn	肺fèi	血xuè	缰jiāng

二、读多音节词语(100 个音节,共 20 分,限时 2.5 分钟)

团圆tuányuán	刀刃儿dāorènr	犯罪fànzuì	体质tǐzhì	海港hǎigǎng	光临guānglín	娘家niángjia
春光chūnguāng	学派xuépài	副本fùběn	送信儿sòngxìnr	牛皮niúpí	驰骋chíchěng	石榴shíliu
看待kàndài	末日mòrì	栽植zāizhí	单据dānjù	水草shuǐcǎo	亮光liàngguāng	缝纫机féngrènjī
导演dǎoyǎn	专款zhuānkuǎn	红包儿hóngbāor	嘴巴zuǐba	酗酒xùjiǔ	抚摸fǔmō	自发zìfā
胸怀xiōnghuái	胸口xiōngkǒu	挑刺儿tiāocìr	浓缩nóngsuō	平均píngjūn	安顿āndùn	所属suǒshǔ
商量shāngliang	漂白粉piǎobáifěn	率领shuàilǐng	成名chéngmíng	等价děngjià	限度xiàndù	圣神shèngshén
蚂蚁mǎyǐ	高等gāoděng	兼顾jiāngù	雷电léidiàn	乳汁rǔzhī	出谋划策chūmóu-huàcè	

三、朗读短文(400 个音节,共 30 分,限时 4 分钟)

作品 13 号——《海滨仲夏夜》

四、命题说话(请在下列话题中任选一个,共 40 分,限时 3 分钟)

1. 生活中的诚信
2. 印象深刻的书籍(或报刊)

普通话水平测试考前冲刺试卷 28

一、读单音节字词(100 个音节,共 10 分,限时 3.5 分钟)

情 áng	脾 pí	撞 zhuàng	方 fāng	黑 hēi	后 hòu	歪 wāi	雄 xióng	马 mǎ	恩 ēn
全 quán	约 yuē	则 zé	直 zhí	补 bǔ	打 dǎ	阙 què	名 míng	踩 cǎi	块 kuài
耍 shuǎ	层 céng	江 jiāng	叠 dié	日 rì	键 jiàn	活 huó	腿 tuǐ	咧 liě	丢 diū
扛 káng	吨 dūn	入 rù	串 chuàn	要 yào	鬓 bìn	睡 shuì	喷 pēn	空 kōng	赚 zhuàn
屯 tún	铝 lǚ	张 zhāng	更 gēng	夏 xià	私 sī	拐 guǎi	省 xǐng	给 gěi	反 fǎn
功 gōng	三 sān	追 zhuī	球 qiú	亮 liàng	解 xiè	抻 chēn	巷 xiàng	热 rè	频 pín
赦 shè	教 jiào	载 zài	暖 nuǎn	粒 lì	穷 qióng	夫 fū	筒 tǒng	表 biǎo	我 wǒ
落 luò	巢 cháo	您 nín	云 yún	字 zì	捐 juān	戳 chuō	脏 zāng	叮 dīng	戌 xū
尸 shī	屈 qū	凑 còu	编 biān	枚 méi	少 shǎo	幢 chuáng	核 hé	霜 shuāng	赶 gǎn
六 liù	家 jiā	遵 zūn	田 tián	密 mì	穗 suì	凤 fèng	衡 héng	农 nóng	爪 zhuǎ

二、读多音节词语(100 个音节,共 20 分,限时 2.5 分钟)

人才 réncái	剪纸 jiǎnzhǐ	顶牛儿 dǐngniúr	仁慈 réncí	描绘 miáohuì	出差 chūchāi	打盹儿 dǎdǔnr
车床 chēchuáng	仲裁 zhòngcái	步兵 bùbīng	快板儿 kuàibǎnr	气团 qìtuán	酒家 jiǔjiā	表演 biǎoyǎn
忘怀 wànghuái	毛驴儿 máolǘr	调整 tiáozhěng	地道 dìdao	装配 zhuāngpèi	穷人 qióngrén	国歌 guógē
非法 fēifǎ	稀疏 xīshū	莫大 mòdà	抗生素 kàngshēngsù	在乎 zàihu	朝霞 zhāoxiá	牛皮 niúpí
退位 tuìwèi	公共 gōnggòng	丰厚 fēnghòu	橄榄 gǎnlǎn	搜寻 sōuxún	放弃 fàngqì	闪电 shǎndiàn
丧葬 sāngzàng	穷尽 qióngjìn	爪子 zhuǎzi	四合院 sìhéyuàn	短缺 duǎnquē	远程 yuǎnchéng	毗邻 pílín
惧怕 jùpà	马桶 mǎtǒng	霍乱 huòluàn	防伪 fángwěi	芭蕉 bājiāo	鹏程万里 péngchéng-wànlǐ

三、朗读短文(400 个音节,共 30 分,限时 4 分钟)

作品 26 号——《驱遣我们的想象》

四、命题说话(请在下列话题中任选一个,共 40 分,限时 3 分钟)

1. 谈中国传统文化
2. 尊敬的人

普通话水平测试考前冲刺试卷 29

一、读单音节字词（100 个音节，共 10 分，限时 3.5 分钟）

通 tōng	平 píng	瘸 qué	斗 dòu	雄 xióng	狼 láng	者 zhě	华 huá	艘 sōu	听 tīng
扰 rǎo	锅 guō	混 hùn	膘 biāo	嗤 chī	贡 gòng	钞 chāo	宿 xiǔ	率 shuài	部 bù
范 fàn	裙 qún	引 yǐn	纯 chún	挑 tiāo	愈 yù	乡 xiāng	渍 zì	去 qù	很 hěn
龙 lóng	灭 miè	吗 mǎ	娘 niáng	雪 xuě	棉 mián	歌 gē	朵 duǒ	参 cān	瞧 qiáo
宽 kuān	蹲 dūn	殖 zhí	柴 chái	横 héng	牛 niú	谓 wèi	烂 làn	室 shì	买 mǎi
凤 fèng	乳 rǔ	钻 zuān	遂 suí	着 zháo	匹 pǐ	我 wǒ	灵 líng	澄 chéng	量 liáng
水 shuǐ	阿 ā	框 kuàng	窃 qiè	汰 tài	簇 cù	棕 zōng	单 dān	恩 ēn	装 zhuāng
腹 fù	拽 zhuài	藏 zàng	刮 guā	杭 háng	给 gěi	百 bǎi	双 shuāng	屏 bǐng	辛 xīn
锥 zhuī	鬓 bìn	丝 sī	拴 shuān	架 jià	挫 cuò	卡 kǎ	借 jiè	柳 liǔ	体 tǐ
罪 zuì	罚 fá	脊 jǐ	得 děi	卷 juǎn	年 nián	旋 xuán	腱 jiàn	掐 qiā	仍 réng

二、读多音节词语（100 个音节，共 20 分，限时 2.5 分钟）

皓月 hàoyuè	泪珠儿 lèizhūr	非凡 fēifán	确实 quèshí	润滑 rùnhuá	拷打 kǎodǎ	革命家 gémìngjiā
兔子 tùzi	处理 chǔlǐ	球赛 qiúsài	田园 tiányuán	归队 guīduì	作怪 zuòguài	莫大 mòdà
牛皮 niúpí	下笔 xiàbǐ	罚款 fákuǎn	奶粉 nǎifěn	浪花 lànghuā	遏止 èzhǐ	而今 érjīn
测量 cèliáng	揣测 chuǎicè	小学生 xiǎoxuéshēng	胸腔 xiōngqiāng	女王 nǚwáng	折腾 zhēteng	穷困 qióngkùn
收摊儿 shōutānr	壮丁 zhuàngdīng	帮忙 bāngmáng	欠缺 qiànquē	军需 jūnxū	天子 tiānzǐ	豆角儿 dòujiǎor
折叠 zhédié	鼻子 bízi	总得 zǒngděi	风采 fēngcǎi	稳产 wěnchǎn	明白 míngbai	钢镚儿 gāngbèngr
厨房 chúfáng	函数 hánshù	距离 jùlí	品种 pǐnzhǒng	夏天 xiàtiān	从容不迫 cóngróng-bùpò	

三、朗读短文（400 个音节，共 30 分，限时 4 分钟）

作品 15 号——《华夏文明的发展与融合》

四、命题说话（请在下列话题中任选一个，共 40 分，限时 3 分钟）

1. 对垃圾分类的认识
2. 体育运动的乐趣

普通话水平测试考前冲刺试卷 30

一、读单音节字词(100 个音节,共 10 分,限时 3.5 分钟)

采 cǎi	您 nín	拴 shuān	钢 gāng	千 qiān	高 gāo	过 guò	说 shuō	挺 tǐng	勒 lè
愈 yù	着 zhuó	绷 bèng	容 róng	房 fáng	费 fèi	卡 kǎ	度 duó	松 sōng	敢 gǎn
而 ér	借 jiè	嫩 nèn	页 yè	损 sǔn	握 wò	龙 lóng	山 shān	美 měi	丑 chǒu
跳 tiào	丢 diū	日 rì	雪 xuě	秋 qiū	峡 xiá	云 yún	闽 mǐn	拽 zhuài	量 liàng
撤 chè	露 lù	准 zhǔn	瞥 piē	贴 tiē	呆 dāi	锥 zhuī	响 xiǎng	早 zǎo	床 chuáng
局 jú	彭 péng	舱 cāng	目 mù	渍 zì	表 biǎo	经 jīng	归 guī	丝 sī	嘴 zuǐ
重 chóng	某 mǒu	始 shǐ	短 duǎn	黑 hēi	密 mì	修 xiū	牌 pái	吏 lì	赞 zàn
桦 huà	呛 qiàng	钓 diào	甜 tián	旋 xuán	曾 zēng	很 hěn	抓 zhuā	瘸 qué	推 tuī
文 wén	迟 chí	吮 shǔn	拳 quán	津 jīn	啦 la	攒 cuán	矿 kuàng	氦 hài	甫 fǔ
谎 huǎng	联 lián	块 kuài	范 fàn	屏 bǐng	起 qǐ	保 bǎo	家 jiā	怒 nù	绑 bǎng

二、读多音节词语(100 个音节,共 20 分,限时 2.5 分钟)

推辞 tuīcí	施加 shījiā	烦琐 fánsuǒ	半截儿 bànjiér	探听 tàntīng	舒服 shūfu	捣鬼 dǎoguǐ
一块儿 yīkuàir	蜷缩 quánsuō	互联网 hùliánwǎng	灵感 línggǎn	辉煌 huīhuáng	相片 xiàngpiàn	烧饼 shāobing
命中 mìngzhòng	哆嗦 duōsuo	守备 shǒubèi	调控 tiáokòng	柔软 róuruǎn	琢磨 zhuómó	啧啧 zézé
早春 zǎochūn	修长 xiūcháng	群岛 qúndǎo	旅馆 lǚguǎn	胸襟 xiōngjīn	蜗牛 wōniú	战场 zhànchǎng
打嗝儿 dǎgér	中间 zhōngjiān	牲口 shēngkou	肚脐儿 dùqír	牛皮 niúpí	损坏 sǔnhuài	劳累 láolèi
血脉 xuèmài	当事人 dāngshìrén	贫困 pínkùn	娘家 niángjia	使馆 shǐguǎn	从属 cóngshǔ	奖品 jiǎngpǐn
罗盘 luópán	伤寒 shānghán	院落 yuànluò	蔚蓝 wèilán	年轮 niánlún	视而不见 shì'érbùjiàn	

三、朗读短文(400 个音节,共 30 分,限时 4 分钟)

作品 5 号——《大匠无名》

四、命题说话(请在下列话题中任选一个,共 40 分,限时 3 分钟)

1. 我喜欢的职业(或专业)

2. 谈传统美德

普通话水平测试考前冲刺试卷 31

一、读单音节字词(100个音节,共10分,限时3.5分钟)

采cǎi	您nín	拴shuān	钢gāng	度duó	松sōng	敢gǎn	而ér	借jiè	嫩nèn
页yè	损sǔn	握wò	龙lóng	山shān	美měi	丑chǒu	跳tiào	丢diū	披pī
雪xuě	秋qiū	峡xiá	云yún	闽mǐn	拽zhuài	量liàng	撤chè	露lòu	准zhǔn
瞥piē	贴tiē	千qiān	高gāo	大dà	说shuō	挺tǐng	勒lè	愈yù	着zhuó
绷bèng	容róng	房fáng	费fèi	卡kǎ	呆dāi	锥zhuī	响xiǎng	早zǎo	床chuáng
局jú	彭péng	舱cāng	目mù	渍zì	表biǎo	经jīng	归guī	丝sī	嘴zuǐ
重chóng	某mǒu	始shǐ	短duǎn	黑hēi	密mì	修xiū	牌pái	吏lì	赞zàn
桦huà	呛qiāng	钓diào	甜tián	旋xuán	曾zēng	很hěn	抓zhuā	瘸qué	推tuī
文wén	迟chí	吮shǔn	拳quán	津jīn	呀yā	攒cuán	矿kuàng	氦hài	甫fǔ
谎huǎng	联lián	块kuài	范fàn	屏bǐng	起qǐ	保bǎo	家jiā	怒nù	绑bǎng

二、读多音节词语(100个音节,共20分,限时2.5分钟)

凉快liángkuai	小鞋儿xiǎoxiér	儒学rúxué	做工zuògōng	区别qūbié	内地nèidì	干事gànshi
回环huíhuán	墨汁儿mòzhīr	专家zhuānjiā	身份证shēnfènzhèng	栽培zāipéi	保姆bǎomǔ	运算yùnsuàn
决死juésǐ	厉害lìhai	讨好tǎohǎo	车床chēchuáng	雄蕊xióngruǐ	总统zǒngtǒng	温泉wēnquán
女皇nǚhuáng	云霄yúnxiāo	上山shàngshān	增生zēngshēng	尊贵zūnguì	明快míngkuài	将近jiāngjìn
特赦tèshè	名下míngxià	打盹儿dǎdǔnr	数字化shùzìhuà	雄伟xióngwěi	创立chuànglì	着落zhuóluò
纽扣niǔkòu	茅庐máolú	投标tóubiāo	画片huàpiàn	栏杆儿lángānr	指点zhǐdiǎn	青睐qīnglài
绵延miányán	亢奋kàngfèn	婚事hūnshì	出差chūchāi	谈论tánlùn	齐心协力qíxīn-xiélì	

三、朗读短文(400个音节,共30分,限时4分钟)

作品18号——《晋祠》

四、命题说话(请在下列话题中任选一个,共40分,限时3分钟)

1. 谈社会公德(或职业道德)

2. 让我快乐的事

普通话水平测试考前冲刺试卷 32

一、读单音节字词(100 个音节,共 10 分,限时 3.5 分钟)

冈 gāng	天 tiān	虾 xiā	口 kǒu	丢 diū	滨 bīn	高 gāo	酸 suān	狼 láng	抓 zhuā
喂 wèi	粮 liáng	黑 hēi	灵 líng	怀 huái	吹 chuī	均 jūn	掐 qiā	调 diào	农 nóng
也 yě	雾 wù	命 mìng	铝 lǚ	绝 jué	好 hào	佛 fó	横 héng	边 biān	特 tè
露 lù	舜 shùn	鼓 gǔ	左 zuǒ	奏 zòu	称 chèn	磁 cí	春 chūn	劝 quàn	与 yǔ
鸟 niǎo	德 dé	抹 mǎ	是 shì	盼 pàn	幢 zhuàng	蹿 cuān	旋 xuán	筛 shāi	块 kuài
逛 guàng	刷 shuā	揪 jiū	晓 xiǎo	缰 jiāng	绵 mián	凭 píng	米 mǐ	软 ruǎn	曾 céng
瘸 qué	宋 sòng	耕 gēng	兹 zī	哼 hēng	真 zhēn	淋 lín	早 zǎo	秋 qiū	囊 náng
臀 tún	沙 shā	反 fǎn	查 chá	先 xiān	墙 qiáng	结 jié	扔 rēng	夫 fū	逼 bī
抬 tái	荒 huāng	蔑 miè	枝 zhī	融 róng	幸 xìng	鳖 biē	踱 duó	祀 sì	扼 è
匹 pǐ	北 běi	举 jǔ	对 duì	重 zhòng	闪 shǎn	括 kuò	嘴 zuǐ	房 fáng	改 gǎi

二、读多音节词语(100 个音节,共 20 分,限时 2.5 分钟)

撇开 piēkāi	治安 zhì'ān	凛冽 lǐnliè	年底 niándǐ	突围 tūwéi	传承 chuánchéng	着想 zhuóxiǎng
图谋 túmóu	机灵 jīling	举止 jǔzhǐ	纷飞 fēnfēi	能力 nénglì	民歌儿 míngēr	自传 zìzhuàn
讲理 jiǎnglǐ	夯实 hāngshí	记忆力 jìyìlì	表白 biǎobái	案子 ànzi	蛋清儿 dànqīngr	侵略 qīnlüè
吃香 chīxiāng	农村 nóngcūn	补丁 bǔding	除尘 chúchén	侵蚀 qīnshí	苟且 gǒuqiě	调价 tiáojià
门洞儿 méndòngr	推举 tuījǔ	光学 guāngxué	大伙儿 dàhuǒr	随从 suícóng	结实 jiēshi	假若 jiǎruò
俊俏 jùnqiào	顺口溜 shùnkǒuliū	商榷 shāngquè	刀把儿 dāobàr	厂房 chǎngfáng	自发 zìfā	浅显 qiǎnxiǎn
水势 shuǐshì	冒失 màoshi	项目 xiàngmù	纳税 nàshuì	见解 jiànjiě	学贯中西 xuéguànzhōngxī

三、朗读短文(400 个音节,共 30 分,限时 4 分钟)

作品 29 号——《十渡游趣》

四、命题说话(请在下列话题中任选一个,共 40 分,限时 3 分钟)

1. 我喜爱的动物
2. 科技发展与社会生活

普通话水平测试考前冲刺试卷 33

一、读单音节字词(100个音节,共10分,限时3.5分钟)

擦cā	省shěng	银yín	筐kuāng	止zhǐ	很hěn	咱zán	罗luó	区qū	偶ǒu
钻zuān	裙qún	瑞ruì	准zhǔn	自zì	穷qióng	混hùn	粉fěn	涌yǒng	屯tún
还hái	顶dǐng	返fǎn	奔bēn	锅guō	鼻bí	给gěi	创chuàng	赚zhuàn	嫌xián
霞xiá	米mǐ	退tuì	夹jiá	才cái	惹rě	词cí	徐xú	官guān	容róng
德dé	哈hā	颇pō	娄lóu	率shuài	圈juān	组zǔ	像xiàng	挺tǐng	腹fù
脚jiǎo	丢diū	抬tái	戳chuō	领lǐng	光guāng	水shuǐ	方fāng	抓zhuā	镍niè
垮kuǎ	球qiú	讽fěng	味wèi	学xué	沁qìn	涩sè	怪guài	您nín	瞥piē
掳lǔ	凿záo	姜jiāng	黑hēi	帮bāng	狼láng	追zhuī	箭jiàn	少shǎo	迟cí
辨biàn	渝yú	猫māo	亮liàng	瘸qué	试shì	挑tiāo	抛pāo	滴dī	究jiū
僧sēng	洞dòng	三sān	篾miè	处chù	漾yàng	弄nòng	铭míng	旋xuàn	瓮wèng

二、读多音节词语(100个音节,共20分,限时2.5分钟)

火候huǒhou	辨别biànbié	水塔shuǐtǎ	酸枣suānzǎo	确认quèrèn	壮丽zhuànglì	穷困qióngkùn
废渣fèizhā	爱国àiguó	已往yǐwǎng	外甥wàisheng	代表作dàibiǎozuò	篮球lánqiú	保险丝bǎoxiǎnsī
凉爽liángshuǎng	名字míngzi	搜寻sōuxún	开春儿kāichūnr	水火shuǐhuǒ	贫穷pínqióng	探寻tànxún
评剧píngjù	兼职jiānzhí	粮仓liángcāng	柔软róuruǎn	阻挡zǔdǎng	茶馆儿cháguǎnr	领导lǐngdǎo
筛选shāixuǎn	村庄cūnzhuāng	战争zhànzhēng	刻画kèhuà	揣摩chuǎimó	笑话儿xiàohuar	机车jīchē
芬芳fēnfāng	架子jiàzi	颓废tuífèi	毁灭huǐmiè	柠檬níngméng	绕远儿ràoyuǎnr	棉絮miánxù
内力nèilì	绿洲lǜzhōu	借贷jièdài	峰峦fēngluán	别致biézhì	鲜为人知xiānwéirénzhī

三、朗读短文(400个音节,共30分,限时4分钟)

作品35号——《我喜欢出发》

四、命题说话(请在下列话题中任选一个,共40分,限时3分钟)

1. 让我感动的事
2. 家乡(或熟悉的地方)

普通话水平测试考前冲刺试卷 34

一、读单音节字词(100 个音节,共 10 分,限时 3.5 分钟)

薄bó	强jiàng	雨yǔ	超chāo	群qún	姿zī	兰lán	囤tún	给gěi	举jǔ
容róng	岁suì	母mǔ	角jiǎo	戳chuō	弄nòng	残cán	圈juàn	听tīng	讽fěng
华huá	装zhuāng	非fēi	都dū	整zhěng	摆bǎi	钻zuàn	哈hā	碱jiǎn	布bù
瞎xiā	凑còu	提tí	溃kuì	着zhuó	垫diàn	额é	全quán	症zhèng	是shì
楼lóu	秦qín	拉lá	约yuē	汝rǔ	丛cóng	槐huái	吮shǔn	概gài	蹓liū
眶kuàng	黑hēi	您nín	新xīn	铁tiě	贵guì	想xiǎng	且qiě	和hè	憎zēng
描miáo	堡bǎo	打dǎ	脏zāng	瘸qué	瓶píng	丝sī	舌shé	桑sāng	脱tuō
短duǎn	稳wěn	衰shuāi	宠chǒng	羔gāo	脂zhī	飘piāo	丢diū	甲jiǎ	尺chǐ
隔gé	捧pěng	分fēn	漆qī	嫩nèn	盲máng	税shuì	捆kǔn	翁wēng	帐zhàng
利lì	免miǎn	梢shāo	凡fán	栽zāi	名míng	衔xián	佛fó	穿chuān	朽xiǔ

二、读多音节词语(100 个音节,共 20 分,限时 2.5 分钟)

毛衣máoyī	神经质shénjīngzhì	衰弱shuāiruò	推辞tuīcí	春光chūnguāng	理想lǐxiǎng	热切rèqiè
天窗儿tiānchuāngr	宦官huànguān	酸枣suānzǎo	同行tóngháng	顺势shùnshì	美满měimǎn	里程lǐchéng
胳膊gēbo	窘迫jiǒngpò	远程yuǎnchéng	棚子péngzi	明快míngkuài	适时shìshí	顶牛儿dǐngniúr
家眷jiājuàn	逃学táoxué	苍白cāngbái	勉强miǎnqiǎng	定罪dìngzuì	富翁fùwēng	蟋蟀xīshuài
录音机lùyīnjī	蔷薇qiángwēi	着重zhuózhòng	格调gédiào	归队guīduì	口罩儿kǒuzhàor	抖擞dǒusou
人群rénqún	前期qiánqī	废物fèiwu	滑雪huáxuě	空虚kōngxū	独创dúchuàng	奋发fènfā
夹缝儿jiāfèngr	复议fùyì	干杯gānbēi	胶片jiāopiàn	军备jūnbèi	不遗余力bùyí-yúlì

三、朗读短文(400 个音节,共 30 分,限时 4 分钟)

作品 40 号——《一粒种子造福世界》

四、命题说话(请在下列话题中任选一个,共 40 分,限时 3 分钟)

1. 我喜欢的节日
2. 印象深刻的书籍(或报刊)

普通话水平测试考前冲刺试卷 35

一、读单音节字词（100个音节，共10分，限时3.5分钟）

发 fà	哭 kū	锐 ruì	横 héng	些 xiē	狂 kuáng	切 qiē	谁 shuí	民 mín	落 luò
球 qiú	皮 pí	磷 lín	愈 yù	韩 hán	闷 mēn	恩 ēn	防 fáng	蔡 cài	蔓 man
肉 ròu	氦 hài	戳 chuō	币 bì	涮 shuàn	僧 sēng	对 duì	晴 qíng	油 yóu	拐 guǎi
步 bù	均 jūn	缠 chán	少 shào	屯 tún	吱 zhī	杭 háng	穿 chuān	刚 gāng	蒋 jiǎng
舜 shùn	紫 zǐ	奉 fèng	懂 dǒng	遮 zhē	断 duàn	执 zhí	喷 pēn	长 zhǎng	明 míng
两 liǎng	捉 zhuō	能 néng	陪 péi	宗 zōng	并 bìng	碱 jiǎn	好 hǎo	虾 xiā	拉 lá
状 zhuàng	绝 jué	遭 zāo	牛 niú	草 cǎo	劝 quàn	给 gěi	躯 qū	纠 jiū	双 shuāng
篾 miè	拧 nǐng	挂 guà	旋 xuán	丝 sī	嘴 zuǐ	累 lèi	始 shǐ	德 dé	吃 chī
巫 wū	颂 sòng	态 tài	标 biāo	歌 gē	雀 què	春 chūn	哄 hǒng	体 tǐ	跳 tiào
凡 fán	促 cù	假 jiǎ	染 rǎn	点 diǎn	佛 fó	蛙 wā	贤 xián	快 kuài	择 zé

二、读多音节词语（100个音节，共20分，限时2.5分钟）

定型 dìngxíng	玩意儿 wányìr	明信片 míngxìnpiàn	责怪 zéguài	模糊 móhu	溶洞 róngdòng	农家 nóngjiā
求生 qiúshēng	尴尬 gāngà	广泛 guǎngfàn	小组 xiǎozǔ	妈妈 māma	痛快 tòngkuài	虐待 nüèdài
继承权 jìchéngquán	策略 cèlüè	天资 tiānzī	致使 zhìshǐ	拱手 gǒngshǒu	分兵 fēnbīng	姓氏 xìngshì
装置 zhuāngzhì	毛驴儿 máolǘr	女生 nǚshēng	抽空儿 chōukòngr	橱窗 chúchuāng	调价 tiáojià	写生 xiěshēng
贫穷 pínqióng	担当 dāndāng	侥幸 jiǎoxìng	花白 huābái	助长 zhùzhǎng	缺点 quēdiǎn	唱腔 chàngqiāng
脖颈儿 bógěngr	健儿 jiàn'ér	作坊 zuōfang	穷人 qióngrén	做梦 zuòmèng	阅读 yuèdú	削弱 xuēruò
外贸 wàimào	弹簧 tánhuáng	倾斜 qīngxié	年轻 niánqīng	逻辑 luójí	默默无闻 mòmò-wúwén	

三、朗读短文（400个音节，共30分，限时4分钟）

作品6号——《大自然的语言》

四、命题说话（请在下列话题中任选一个，共40分，限时3分钟）

1. 对终身学习的看法
2. 向往的地方

普通话水平测试考前冲刺试卷 36

一、读单音节字词(100 个音节,共 10 分,限时 3.5 分钟)

黑hēi	轻qīng	冒mào	雀què	抓zhuā	血xiě	弹dàn	患huàn	字zì	握wò
反fǎn	须xū	更gēng	因yīn	撒sǎ	逢féng	连lián	圆yuán	虎hǔ	拽zhuài
辖xiá	折shé	搜sōu	球qiú	替tì	床chuáng	实shí	当dàng	恩ēn	准zhǔn
海hǎi	洽qià	柴chái	卦guà	冢zhǒng	嘿hēi	泵bèng	老lǎo	钢gāng	睡shuì
次cì	说shuō	缠chán	雄xióng	票piào	神shén	踹chuài	小xiǎo	蕊ruǐ	孔kǒng
圈juàn	灭miè	呛qiàng	然rán	鼻bí	究jiū	名míng	福fú	电diàn	逛guàng
泥ní	赛sài	扯chě	走zǒu	令lǐng	堆duī	持chí	宗zōng	买mǎi	铺pū
举jǔ	臀tún	端duān	指zhǐ	近jìn	团tuán	切qiē	炸zhá	军jūn	搓cuō
双shuāng	革gé	尾wěi	帮bāng	量liáng	偏piān	粉fěn	蒋jiǎng	遭zāo	和huó
墓mù	滨bīn	停tíng	侧cè	靴xuē	垄lǒng	闰rùn	内nèi	窥kuī	尿niào

二、读多音节词语(100 个音节,共 20 分,限时 2.5 分钟)

棉花miánhuā	苛刻kēkè	掌握zhǎngwò	纵队zòngduì	答案dáàn	架势jiàshì	古典gǔdiǎn
狰狞zhēngníng	纽带儿niǔdàir	富翁fùwēng	瞧不起qiáo·buqǐ	下等xiàděng	呐喊nàhǎn	衰老shuāilǎo
相等xiāngděng	解体jiětǐ	储备chǔbèi	累赘léizhui	卧室wòshì	孙女sūnnǚ	天窗儿tiānchuāngr
规则guīzé	偏偏piānpiān	类群lèiqún	时光shíguāng	频道píndào	讨好tǎohǎo	在这儿zàizhèr
定名dìngmíng	眉毛méimao	政权zhèngquán	征询zhēngxún	索取suǒqǔ	溜达liūda	比例尺bǐlìchǐ
察觉chájué	矿藏kuàngcáng	分化fēnhuà	恶劣èliè	雌雄cíxióng	追加zhuījiā	开窍儿kāiqiàor
宪政xiànzhèng	痛楚tòngchǔ	玛瑙mǎnǎo	酵母jiàomǔ	捍卫hànwèi	束手无策shùshǒu-wúcè

三、朗读短文(400 个音节,共 30 分,限时 4 分钟)

作品 43 号——《阅读大地的徐霞客》

四、命题说话(请在下列话题中任选一个,共 40 分,限时 3 分钟)

1. 我的一天

2. 对美的看法

普通话水平测试考前冲刺试卷 37

一、读单音节字词(100个音节,共10分,限时3.5分钟)

瓮wèng	叽jī	电diàn	绿lǜ	寻xún	棒bàng	准zhǔn	考kǎo	雪xuě	人rén
滞zhì	荒huāng	缠chán	棵kē	俺ǎn	中zhōng	退tuì	获huò	姿zī	民mín
兄xiōng	太tài	专zhuān	圈juàn	趣qù	瓷cí	昼zhòu	篷péng	软ruǎn	婴yīng
剥bāo	脏zāng	贺hè	鳖biē	留liú	抓zhuā	铜tóng	令lǐng	艘sōu	吨dūn
扭niǔ	戳chuō	填tián	文wén	罗luó	藏cáng	标biāo	洽qià	僧sēng	内nèi
肥féi	分fèn	始shǐ	虾xiā	贫pín	死sǐ	哈hā	初chū	鬼guǐ	响xiǎng
容róng	镁měi	情qíng	教jiāo	车chē	就jiù	毒dú	举jǔ	防fáng	栽zāi
反fǎn	面miàn	滚gǔn	甩shuǎi	补bǔ	光guāng	富fù	篾miè	远yuǎn	山shān
怀huái	切qiē	睡shuì	廷tíng	惩chéng	启qǐ	颇pō	粮liáng	观guān	纱shā
蔡cài	您nín	粤yuè	灶zào	底dǐ	醉zuì	冬dōng	瞄miáo	创chuàng	开kāi

二、读多音节词语(100个音节,共20分,限时2.5分钟)

抖擞dǒusǒu	小褂儿xiǎoguàr	中层zhōngcéng	良机liángjī	三角形sānjiǎoxíng	粮仓liángcāng	美酒měijiǔ
找茬儿zhǎochár	咳嗽késou	痛快tòngkuai	色光sèguāng	吞并tūnbìng	寥寥liáoliáo	自称zìchēng
铁轨tiěguǐ	念叨niàndao	目光mùguāng	碰撞pèngzhuàng	菲薄fěibó	逆流nìliú	诊所zhěnsuǒ
贫穷pínqióng	左边zuǒbiān	四边形sìbiānxíng	周期zhōuqī	选取xuǎnqǔ	糟粕zāopò	同名tóngmíng
反比fǎnbǐ	拾掇shíduo	眉头méitóu	辉煌huīhuáng	叫好儿jiàohǎor	余粮yúliáng	家伙jiāhuo
顺势shùnshì	传承chuánchéng	从军cóngjūn	苍穹cāngqióng	出圈儿chūquānr	协约xiéyuē	血肉xuèròu
对话duìhuà	幻影huànyǐng	直觉zhíjué	熟悉shúxī	惊喜jīngxǐ	求同存异qiútóng-cúnyì	

三、朗读短文(400个音节,共30分,限时4分钟)

作品47号——《中国石拱桥》

四、命题说话(请在下列话题中任选一个,共40分,限时3分钟)

1. 小家、大家和国家
2. 我喜爱的艺术形式

普通话水平测试考前冲刺试卷 38

一、读单音节字词(100 个音节,共 10 分,限时 3.5 分钟)

臊sào	萍píng	仨sā	囊náng	帆fān	串chuàn	编biān	外wài	水shuǐ	喷pēn
杂zá	呈chéng	取qǔ	浮fú	改gǎi	卷juàn	胚pēi	得dé	雪xuě	掐qiā
江jiāng	救jiù	薄bó	踹chuài	厚hòu	谬miù	垮kuǎ	语yǔ	确què	丝sī
碳tàn	对duì	提tí	冻dòng	爽shuǎng	捉zhuō	民mín	数shù	饶ráo	葬zàng
宠chǒng	恩ēn	槐huái	剩shèng	策cè	广guǎng	渺miǎo	掉diào	场chǎng	毁huǐ
部bù	折shé	肯kěn	凑còu	熊xióng	圈quān	装zhuāng	环huán	想xiǎng	南nán
遵zūn	左zuǒ	夏xià	留liú	解jiě	临lín	制zhì	吮shǔn	苦kǔ	效xiào
脊jǐ	担dān	醒xǐng	怔zhēng	采cǎi	填tián	裙qún	令lǐng	软ruǎn	音yīn
号háo	笼lóng	防fáng	微wēi	锅guō	吞tūn	翅chì	锥zhuī	抓zhuā	名míng
壁bì	年nián	资zī	篾miè	缝féng	照zhào	非fēi	供gōng	耕gēng	乐lè

二、读多音节词语(100 个音节,共 20 分,限时 2.5 分钟)

断定duàndìng	晌午shǎngwu	牛皮niúpí	飞驰fēichí	水蒸气shuǐzhēngqì
临床línchuáng	蟾蜍chánchú			
恰似qiàsì	做活儿zuòhuór	冷水lěngshuǐ	匿名nìmíng	采写cǎixiě
病灶bìngzào	直辖市zhíxiáshì			
民俗mínsú	头巾tóujīn	红火hónghuo	学科xuékē	缅怀miǎnhuái
蕴藏yùncáng	葫芦húlu			
贯彻guànchè	发放fāfàng	栈道zhàndào	吞没tūnmò	改造gǎizào
雄蕊xióngruǐ	牧场mùchǎng			
脸蛋儿liǎndànr	平安píngān	悦耳yuèěr	杀菌shājūn	终了zhōngliǎo
酒盅儿jiǔzhōngr	获取huòqǔ			
探索tànsuǒ	眯缝mīfeng	棉球儿miánqiúr	遍布biànbù	穷困qióngkùn
粽子zòngzi	成就chéngjiù			
法院fǎyuàn	欢迎huānyíng	狩猎shòuliè	现状xiànzhuàng	播送bōsòng
脱颖而出tuōyǐng'érchū				

三、朗读短文(400 个音节,共 30 分,限时 4 分钟)

作品 4 号——《聪明在于学习,天才在于积累》

四、命题说话(请在下列话题中任选一个,共 40 分,限时 3 分钟)

1. 过去的一年
2. 我的理想(或愿望)

普通话水平测试考前冲刺试卷 39

一、读单音节字词(100 个音节,共 10 分,限时 3.5 分钟)

廓kuò	更gèng	学xué	转zhuàn	撇piē	段duàn	远yuǎn	翁wēng	镜jìng	丝sī
崩bēng	陈chén	滴dī	房fáng	瓜guā	点diǎn	臊sāo	将jiāng	吹chuī	黑hēi
穷qióng	鬓bìn	筐kuāng	法fǎ	尾wěi	哈hā	板bǎn	藤téng	幅fú	闰rùn
戳chuō	恶è	浓nóng	属zhǔ	汗hàn	爽shuǎng	紧jǐn	摘zhāi	民mín	光guāng
资zī	苗miáo	捆kǔn	旋xuán	纵zòng	密mì	填tián	造zào	局jú	殖zhí
花huā	踹chuài	令lìng	睡shuì	贴tiē	弹dàn	响xiǎng	词cí	两liǎng	槽cáo
嗅xiù	了liǎo	夏xià	色shǎi	狗gǒu	奇qí	钟zhōng	喊hǎn	牛niú	桑sāng
买mǎi	液yè	环huán	说shuō	日rì	区qū	借jiè	累lèi	挺tǐng	嘴zuǐ
瘸qué	篙gāo	仄zè	恰qià	署shǔ	陡dǒu	特tè	阿ā	篇piān	除chú
氯lǜ	帮bāng	佛fó	拧níng	逊xùn	娇jiāo	盆pén	寸cùn	谬miù	拽zhuài

二、读多音节词语(100 个音节,共 20 分,限时 2.5 分钟)

团圆tuányuán	财会cáikuài	小孩儿xiǎoháir	推举tuījǔ	编辑biān·jí	治安zhì'ān	马虎mǎhu
眼窝yǎnwō	跑腿儿pǎotuǐr	倍增bèizēng	鲜花xiānhuā	流落liúluò	授权shòuquán	顺风shùnfēng
沸点fèidiǎn	光辉guānghuī	反比fǎnbǐ	明媚míngmèi	容纳róngnà	画笔huàbǐ	人流rénliú
光学guāngxué	乞讨qǐtǎo	唠叨láodao	恰当qiàdàng	揭穿jiēchuān	高潮gāocháo	暂行zànxíng
女士nǚshì	胖墩儿pàngdūnr	解放军jiěfàngjūn	濒临bīnlín	嫁妆jiàzhuāng	虐待nüèdài	脸谱liǎnpǔ
啧啧zézé	职称zhíchēng	搜寻sōuxún	成虫chéngchóng	摩擦mócā	分水岭fēnshuǐlǐng	强大qiángdà
邮戳儿yóuchuōr	确实quèshí	逗留dòuliú	收藏shōucáng	斜面xiémiàn	深恶痛绝shēnwù-tòngjué	

三、朗读短文(400 个音节,共 30 分,限时 4 分钟)

作品 9 号——《读书人是幸福人》

四、命题说话(请在下列话题中任选一个,共 40 分,限时 3 分钟)

1. 如何保持良好的心态

2. 珍贵的礼物

普通话水平测试考前冲刺试卷 40

一、读单音节字词(100 个音节,共 10 分,限时 3.5 分钟)

必bì	秒miǎo	色sè	嚷rǎng	尿niào	考kǎo	菌jūn	率shuài	柴chái	鬓bìn
咱zán	熟shú	布bù	日rì	蒜suàn	劫jié	肯kěn	妾qiè	兑duì	絮xù
幢zhuàng	勇yǒng	哎āi	槐huái	捆kǔn	方fāng	占zhàn	复fù	纸zhǐ	您nín
敢gǎn	号háo	据jù	耍shuǎ	绝jué	氢qīng	疼téng	龙lóng	窝wō	林lín
谓wèi	绿lǜ	屯tún	美měi	说shuō	雪xuě	端duān	晃huǎng	锤chuí	像xiàng
揉róu	喷pēn	梯tī	俩liǎ	踱duó	呛qiàng	兹zī	烦fán	抓zhuā	帖tiè
擦cā	娘niáng	假jiǎ	丝sī	兄xiōng	卖mài	硅guī	圈juān	脸liǎn	增zēng
阿ā	纵zòng	曾céng	匹pǐ	球qiú	高gāo	飞fēi	潜qián	定dìng	肿zhǒng
翅chì	腿tuǐ	初chū	谬miù	磁cí	专zhuān	液yè	纯chún	爽shuǎng	绷bèng
宿xiǔ	令lìng	飘piāo	店diàn	仄zè	该gāi	航háng	劝quàn	否fǒu	火huǒ

二、读多音节词语(100 个音节,共 20 分,限时 2.5 分钟)

着力zhuólì	使劲shǐjìn	谅解liàngjiě	夸奖kuājiǎng	不锈钢bùxiùgāng	穿插chuānchā	打听dǎtīng
尔后ěrhòu	吵嘴chǎozuǐ	悔改huǐgǎi	选择xuǎnzé	决策juécè	征收zhēngshōu	私下sīxià
弟兄dìxiong	倘使tǎngshǐ	字条zìtiáo	强调qiángdiào	梨核儿líhúr	愉快yúkuài	融洽róngqià
前锋qiánfēng	分别fēnbié	蕴藏yùncáng	挥发huīfā	棒槌bàngchui	稳妥wěntuǒ	松弛sōngchí
磁场cíchǎng	冰棍儿bīnggùnr	平安píngān	曲轴qūzhóu	狐狸húli	化肥huàféi	莫非mòfēi
跳高儿tiàogāor	杆菌gǎnjūn	金字塔jīnzìtǎ	尖端jiānduān	缅怀miǎnhuái	缤纷bīnfēn	冰棍儿bīnggùnr
采暖cǎinuǎn	早熟zǎoshú	威武wēiwǔ	攀登pāndēng	骚乱sāoluàn	忍无可忍rěnwúkěrěn	

三、朗读短文(400 个音节,共 30 分,限时 4 分钟)

作品 17 号——《将心比心》

四、命题说话(请在下列话题中任选一个,共 40 分,限时 3 分钟)

1. 体育运动的乐趣
2. 家庭对个人成长的影响

普通话水平测试考前冲刺试卷 41

一、读单音节字词(100个音节,共10分,限时3.5分钟)

村 cūn	且 qiě	俩 liǎ	船 chuán	绝 jué	字 zì	凡 fán	拧 nìng	墙 qiáng	腹 fù
讨 tǎo	四 sì	区 qū	恩 ēn	航 háng	土 tǔ	水 shuǐ	论 lùn	堆 duī	蒙 mēng
背 bēi	瓮 wèng	学 xué	在 zài	洽 qià	柳 liǔ	熊 xióng	丢 diū	重 chóng	布 bù
快 kuài	整 zhěng	坡 pō	锐 ruì	己 jǐ	光 guāng	台 tái	丙 bǐng	踢 tī	扒 pá
做 zuò	妃 fēi	纤 xiān	狠 hěn	瘪 biě	吮 shǔn	拽 zhuài	穷 qióng	殿 diàn	障 zhàng
秘 mì	娘 niáng	葱 cōng	壕 háo	驹 jū	惹 rě	爪 zhuǎ	蛙 wā	团 tuán	擀 gǎn
焚 fén	口 kǒu	折 zhé	酒 jiǔ	室 shì	啊 a	植 zhí	给 gěi	寻 xún	圈 quān
难 nán	菜 cài	筐 kuāng	瞪 dèng	瓜 guā	日 rì	远 yuǎn	跌 diē	磷 lín	嗓 sǎng
总 zǒng	晃 huàng	法 fǎ	首 shǒu	小 xiǎo	江 jiāng	棉 mián	罗 luó	超 chāo	过 guò
车 chē	酸 suān	近 jìn	锤 chuí	愈 yù	明 míng	礼 lǐ	苗 miáo	铺 pū	射 shè

二、读多音节词语(100个音节,共20分,限时2.5分钟)

下跌 xiàdiē	反响 fǎnxiǎng	水渠 shuǐqú	绝招儿 juézhāor	全权 quánquán
滋味 zīwèi	幼儿 yòuér			
亲戚 qīnqi	锁链 suǒliàn	春光 chūnguāng	没落 mòluò	过敏 guòmǐn
飞驰 fēichí	发呆 fādāi			
镊子 nièzi	坏人 huàirén	抓阄儿 zhuājiūr	船舱 chuáncāng	悲哀 bēiāi
醉心 zuìxīn	铜钱 tóngqián			
村民 cūnmín	流放 liúfàng	通航 tōngháng	岁数 suìshu	揣测 chuǎicè
嘀咕 dígu	特种 tèzhǒng			
生产力 shēngchǎnlì	性命 xìngmìng	合法 héfǎ	应酬 yìngchou	真菌 zhēnjūn
鼓舞 gǔwǔ	投票 tóupiào			
蜕化 tuìhuà	作坊 zuōfang	转产 zhuǎnchǎn	穷困 qióngkùn	平均 píngjūn
馅儿饼 xiànrbǐng	视网膜 shìwǎngmó			
眼眶 yǎnkuàng	金鱼 jīnyú	谛听 dìtīng	强度 qiángdù	门铃儿 ménlíngr
排忧解难 páiyōu-jiěnàn				

三、朗读短文(400个音节,共30分,限时4分钟)

作品21号——《莲花和樱花》

四、命题说话(请在下列话题中任选一个,共40分,限时3分钟)

1. 我喜欢的节日
2. 让我感动的事

普通话水平测试考前冲刺试卷 42

一、读单音节字词(100个音节,共10分,限时3.5分钟)

每měi	落luò	夫fū	太tài	亩mǔ	若ruò	丝sī	标biāo	收shōu	好hào
丢diū	中zhōng	躺tǎng	瓶píng	瓮wèng	花huā	扔rēng	从cóng	春chūn	秦qín
理lǐ	奏zòu	铝lǚ	凡fán	观guān	奴nú	越yuè	劝quàn	屯tún	价jià
非fēi	讲jiǎng	薄báo	啐cuì	小xiǎo	腿tuǐ	史shǐ	乘chéng	夏xià	二èr
切qiē	瓦wǎ	顶dǐng	块kuài	熊xióng	满mǎn	渍zì	空kōng	塞sè	即jí
磷lín	乎hū	水shuǐ	辨biàn	旗qí	感gǎn	咧liě	折shé	超chāo	筐kuāng
刚gāng	单shàn	求qiú	嗤chī	幸xìng	崽zǎi	揪jiū	斋zhāi	冯féng	续xù
航háng	咂zā	损sǔn	滨bīn	穷qióng	篇piān	脓nóng	筏fá	瞥piē	篆zhuàn
选xuǎn	广guǎng	赠zèng	爪zhuǎ	量liàng	床chuáng	根gēn	直zhí	云yún	娘niáng
德dé	蹿cuān	拽zhuài	抹mǒ	队duì	觉jué	应yìng	填tián	门mén	朵duǒ

二、读多音节词语(100个音节,共20分,限时2.5分钟)

立国lìguó	饭馆儿fànguǎnr	征文zhēngwén	来去láiqù	芳菲fāngfēi	充血chōngxuè	露馅儿lòuxiànr
保管bǎoguǎn	卑鄙bēibǐ	装饰zhuāngshì	送信儿sòngxìnr	精华jīnghuá	恰当qiàdàng	损坏sǔnhuài
嘴脸zuǐliǎn	折磨zhémó	模范mófàn	状元zhuàngyuan	完全wánquán	损伤sǔnshāng	苦果kǔguǒ
责成zéchéng	联盟liánméng	咨询zīxún	品评pǐnpíng	胚胎pēitāi	一会儿yíhuìr	虱子shīzi
柔弱róuruò	包干儿bāogānr	兄弟xiōngdi	铃铛língdang	稻子dàozi	亮光liàngguāng	鲁莽lǔmǎng
痛快tòngkuài	学科xuékē	下跌xiàdiē	奥运会àoyùnhuì	盲肠mángcháng	天花tiānhuā	窗子chuāngzi
坦克tǎnkè	渴望kěwàng	党员dǎngyuán	葡萄糖pú·táotáng	朗诵lǎngsòng	死灰复燃sǐhuī-fùrán

三、朗读短文(400个音节,共30分,限时4分钟)

作品30号——《世界民居奇葩》

四、命题说话(请在下列话题中任选一个,共40分,限时3分钟)

1. 我所在的学校(或公司、团队、其他机构)
2. 童年生活

普通话水平测试考前冲刺试卷 43

一、读单音节字词(100个音节,共10分,限时3.5分钟)

莫mò	局jú	补bǔ	整zhěng	棉mián	抓zhuā	清qīng	拍pāi	硅guī	直zhí
鬓bìn	差chà	劲jìng	瓜guā	犯fàn	油yóu	渍zì	兄xiōng	其qí	该gāi
露lù	撇piē	赘zhuì	拐guǎi	方fāng	丑chǒu	火huǒ	弄lòng	今jīn	板bǎn
捆kǔn	僧sēng	广guǎng	娘niáng	迟chí	掉diào	雪xuě	讽fěng	牛niú	灭miè
行xíng	胚pēi	特tè	弦xián	此cǐ	钱qián	短duǎn	别bié	密mì	究jiū
扎zhā	数shǔ	恨hèn	熬áo	是shì	宗zōng	神shén	巧qiǎo	生shēng	抵dǐ
桃táo	赏shǎng	旱hàn	折chāi	拽zhuài	嫁jià	踱duó	闰rùn	民mín	吻wěn
损sǔn	勒lè	枉wǎng	钧jūn	槽cáo	黑hēi	软ruǎn	捅tǒng	巷xiàng	爽shuǎng
祛qū	廓kuò	量liáng	劝quàn	约yuē	俩liǎ	选xuǎn	崔cuī	桑sāng	肥féi
溶róng	和hè	早zǎo	丢diū	筐kuāng	调tiáo	足zú	吹chuī	宁nìng	绿lù

二、读多音节词语(100个音节,共20分,限时2.5分钟)

随从suícóng	落款儿luòkuǎnr	废墟fèixū	明白míngbai	可爱kěài	锯齿儿jùchǐr	骤然zhòurán
血肉xuèròu	银子yínzi	僧侣sēnglǚ	江湖jiānghú	稳妥wěntuǒ	逆向nìxiàng	正确zhèngquè
房租fángzū	棺材guāncai	说明shuōmíng	琵琶pí·pá	装束zhuāngshù	鞋带儿xiédàir	生前shēngqián
题词tící	早婚zǎohūn	胆小鬼dǎnxiǎoguǐ	法律fǎlǜ	丈夫zhàngfu	贫穷pínqióng	抽查chōuchá
红领巾hónglǐngjīn	洽谈qiàtán	水波shuǐbō	蜜蜂mìfēng	格调gédiào	憔悴qiáocuì	妖怪yāoguài
折合zhéhé	时候shíhou	晃动huàngdòng	播种bōzhòng	天边tiānbiān	流畅liúchàng	审美shěnměi
摸黑儿mōhēir	发芽fāyá	交代jiāodài	命令mìnglìng	思想sīxiǎng	波澜壮阔bōlán-zhuàngkuò	

三、朗读短文(400个音节,共30分,限时4分钟)

作品32号——《泰山极顶》

四、命题说话(请在下列话题中任选一个,共40分,限时3分钟)

1. 对垃圾分类的认识
2. 我喜爱的艺术形式

普通话水平测试考前冲刺试卷 44

一、读单音节字词(100个音节,共10分,限时3.5分钟)

光guāng	刷shuā	命mìng	搞gǎo	罗luó	民mín	都dū	着zhuó	理lǐ	损sǔn
变biàn	文wén	篾miè	两liǎng	具jù	种zhòng	簇cù	跑pǎo	头tóu	破pò
角jué	林lín	重chóng	装zhuāng	歌gē	千qiān	伞sǎn	费fèi	芽yá	府fǔ
井jǐng	戴dài	罪zuì	曹cáo	绣xiù	砖zhuān	雌cí	谬miù	娘niáng	宝bǎo
瓜guā	得dé	水shuǐ	僧sēng	栽zāi	场chǎng	横héng	瘤liú	齿chǐ	糖táng
藕ǒu	辉huī	讽fěng	仄zè	靳jìn	煅duàn	鳖biē	双shuāng	晴qíng	踹chuài
坑kēng	尊zūn	荚jiá	下xià	蔓wàn	自zì	弄nòng	筛shāi	碑bēi	虑lù
让ràng	啃kěn	致zhì	棉mián	翻fān	蕊ruǐ	虎hǔ	选xuǎn	器qì	炕kàng
易yì	冻dòng	铁tiě	桥qiáo	兵bīng	兄xiōng	曲qǔ	鸟niǎo	喷pēn	混hún
传chuán	发fā	圈quān	日rì	给gěi	托tuō	运yùn	雪xuě	像xiàng	摔shuāi

二、读多音节词语(100个音节,共20分,限时2.5分钟)

遵循zūnxún	脐带qídài	富翁fùwēng	挨个儿āigèr	实话shíhuà	淑女shūnǚ	复杂fùzá
迷失míshī	桃子táozi	从众cóngzhòng	连绵liánmián	加热jiārè	爽朗shuǎnglǎng	坏死huàisǐ
审理shěnlǐ	戎装róngzhuāng	研究生yánjiūshēng	穷困qióngkùn	揣测chuǎicè	月光yuèguāng	军区jūnqū
痴呆chīdāi	险阻xiǎnzǔ	过关guòguān	水塔shuǐtǎ	总队zǒngduì	尾巴wěiba	定期dìngqī
遵守zūnshǒu	嗓门儿sǎngménr	浅显qiǎnxiǎn	晌午shǎngwu	政策zhèngcè	背风bèifēng	壮丁zhuàngdīng
小辫儿xiǎobiànr	酒家jiǔjiā	拆迁chāiqiān	思考sīkǎo	来得及láidejí	兄弟xiōngdì	总管zǒngguǎn
无须wúxū	追肥zhuīféi	模特儿mótèr	断绝duànjué	近郊jìnjiāo	一带一路yīdài-yīlù

三、朗读短文(400个音节,共30分,限时4分钟)

作品36号——《乡下人家》

四、命题说话(请在下列话题中任选一个,共40分,限时3分钟)

1. 对终身学习的看法

2. 老师

普通话水平测试考前冲刺试卷 45

一、读单音节字词(100个音节,共10分,限时3.5分钟)

挟xié	姜jiāng	睹dǔ	庵ān	爽shuǎng	履lǚ	杉shān	澡zǎo	丑chǒu	说shuō
落lào	缠chán	钢gāng	酸suān	组zǔ	量liáng	次cì	梢shāo	如rú	挨cí
闽mǐn	嫩nèn	准zhǔn	棉mián	坏huài	凶xiōng	共gòng	殖zhí	切qiē	宁nìng
斗dǒu	秒miǎo	该gāi	乐yuè	夸kuā	绷bēng	罪zuì	修xiū	团tuán	帮bāng
皮pí	磨mò	飞fēi	矣yǐ	孔kǒng	洽qià	酒jiǔ	夹jiá	权quán	白bái
拽zhuài	起qǐ	闰rùn	奉fèng	会huì	挖wā	和hè	胜shèng	丁dīng	先xiān
扶fú	训xùn	脏zāng	可kě	自zì	陈chén	果guǒ	塞sè	搅jiǎo	谬miù
累léi	圈juàn	扯chě	法fǎ	破pò	推tuī	实shí	证zhèng	啐cuì	敌cí
评píng	锁suǒ	通tōng	瘸qué	装zhuāng	田tián	版bǎn	掌zhǎng	迟chí	晃huǎng
躯qū	拎līn	丛cóng	墩dūn	表biǎo	续xù	问wèn	软ruǎn	您nín	羔cāo

二、读多音节词语(100个音节,共20分,限时2.5分钟)

装配zhuāngpèi	主意zhǔyi	教科书jiàokēshū	熟睡shúshuì	不念bùniàn	开玩笑kāiwánxiào	国防guófáng
番茄fānqié	唾沫tuòmo	踉跄liàngqiàng	赃物zāngwù	种群zhǒngqún	号码儿hàomǎr	枝条zhītiáo
争论zhēnglùn	民办mínbàn	北方běifāng	随时suíshí	成年chéngnián	抽取chōuqǔ	人群rénqún
坏死huàisǐ	贯穿guànchuān	腐朽fǔxiǔ	领略lǐnglüè	谋略móulüè	打扰dǎrǎo	念叨niàndao
观测guāncè	尊称zūnchēng	逗乐儿dòulèr	春光chūnguāng	浓缩nóngsuō	杏仁儿xìngrénr	听话tīnghuà
失常shīcháng	施加shījiā	改写gǎixiě	界面jièmiàn	害羞hàixiū	凹陷āoxiàn	雨点儿yǔdiǎnr
特性tèxìng	魅力mèilì	归纳guīnà	长征chángzhēng	当心dāngxīn	居安思危jū'ān-sīwēi	

三、朗读短文(400个音节,共30分,限时4分钟)

作品39号——《一幅名扬中外的画》

四、命题说话(请在下列话题中任选一个,共40分,限时3分钟)

1. 我了解的十二生肖
2. 难忘的旅行

普通话水平测试考前冲刺试卷 46

一、读单音节字词(100 个音节,共 10 分,限时 3.5 分钟)

臊sāo	染rǎn	团tuán	鸟niǎo	用yòng	讽fěng	齐qí	锁suǒ	静jìng	咱zán
哄hòng	北běi	叠dié	簇cù	俩liǎ	宽kuān	点diǎn	瘸qué	光guāng	命mìng
权quán	份fèn	日rì	走zǒu	踹chuài	甜tián	色shǎi	发fà	敌dí	牛niú
志zhì	称chēng	想xiǎng	商shāng	令lìng	愈yù	突tū	思sī	鞭biān	荷hé
滋zī	幅fú	屏bǐng	说shuō	供gōng	绣xiù	椎zhuī	脉mài	斥chì	罩zhào
钓diào	苇wěi	眶kuàng	二èr	快kuài	睡shuì	霉méi	刷shuā	圈juàn	翁wēng
屈qū	量liàng	晨chén	猛měng	乐lè	村cūn	查chá	尊zūn	部bù	得dé
颇pō	切qiē	强jiàng	品pǐn	匣xiá	晃huǎng	攒cuán	棍gùn	恩ēn	重zhòng
新xīn	楼lóu	凶xiōng	队duì	饶ráo	战zhàn	脏zāng	民mín	始shǐ	鬼guǐ
军jūn	铝lǚ	急jí	瞥piē	常cháng	雪xuě	话huà	乃nǎi	脱tuō	求qiú

二、读多音节词语(100 个音节,共 20 分,限时 2.5 分钟)

作价zuòjià	干杯gānbēi	统率tǒngshuài	税法shuìfǎ	代理人dàilǐrén	略微lüèwēi	事情shìqing
短处duǎnchù	辖区xiáqū	终究zhōngjiū	短小duǎnxiǎo	胡同儿hútòngr	男女nánnǚ	开春儿kāichūnr
漠然mòrán	条子tiáozi	老本儿lǎoběnr	损坏sǔnhuài	全权quánquán	水草shuǐcǎo	垮台kuǎtái
潮流cháoliú	病变bìngbiàn	位置wèizhì	耳膜儿ěrmór	转让zhuǎnràng	逊色xùnsè	凶手xiōngshǒu
学年xuénián	眼底yǎndǐ	职责zhízé	客车kèchē	菩萨púsà	徘徊páihuái	灭绝mièjué
整编zhěngbiān	头顶tóudǐng	从军cóngjūn	活命huómìng	风姿fēngzī	贫穷pínqióng	光亮guāngliàng
打交道dǎjiāo·dào	芋头yùtou	除夕chúxī	原理yuánlǐ	代谢dàixiè	蔚然成风wèirán-chéngfēng

三、朗读短文(400 个音节,共 30 分,限时 4 分钟)

作品 10 号 ——《繁星》

四、命题说话(请在下列话题中任选一个,共 40 分,限时 3 分钟)

1. 自律与我
2. 我喜欢的季节(或天气)

普通话水平测试考前冲刺试卷 47

一、读单音节字词（100个音节，共10分，限时3.5分钟）

约yuē	赘zhuì	军jūn	铁tiě	尿niào	粗cū	兄xiōng	摔shuāi	纲gāng	办bàn
狂kuáng	笨bèn	牛niú	填tián	戳chuō	率lǜ	肉ròu	停tíng	刷shuā	查chá
瑞ruì	骑qí	落luò	使shǐ	解jiě	弦xián	鬓bìn	美měi	罪zuì	翻fān
辖xiá	声shēng	段duàn	恨hèn	取qǔ	此cǐ	扯chě	幅fú	还hái	棵kē
狼láng	损sǔn	黄huáng	给gěi	首shǒu	八bā	顶dǐng	杂zá	老lǎo	卖mài
肝gān	撇piě	就jiù	堵dǔ	疯fēng	拐guǎi	志zhì	低dī	潜qián	攀pān
蹿cuān	防fáng	造zào	拳quán	费fèi	怨yuàn	特tè	萌méng	锤chuí	灼zhuó
墩dūn	偏piān	瓮wèng	姜jiāng	撩liāo	您nín	蹓liū	虹hóng	觅mì	僧sēng
耳ěr	籽zǐ	爪zhuǎ	俟sì	续xù	襟jīn	号hào	强qiáng	揩kāi	学xué
摸mō	广guǎng	宗zōng	春chūn	闻wén	请qǐng	传zhuàn	假jià	象xiàng	种zhǒng

二、读多音节词语（100个音节，共20分，限时2.5分钟）

虐待nüèdài	香椿xiāngchūn	春色chūnsè	通过tōngguò	打晃儿dǎhuàngr	总统zǒngtǒng	父辈fùbèi
闪光shǎnguāng	行凶xíngxiōng	遏止èzhǐ	板擦儿bǎncār	听话tīnghuà	鸵鸟tuóniǎo	贵妃guìfēi
反义词fǎnyìcí	牌价páijià	人群rénqún	别针儿biézhēnr	拐弯guǎiwān	欢呼huānhū	铿锵kēngqiāng
手绢儿shǒujuànr	旅客lǚkè	波涛bōtāo	两旁liǎngpáng	口水kǒushuǐ	前头qiántou	年岁niánsuì
稿纸gǎozhǐ	渺茫miǎománg	恰当qiàdàng	传承chuánchéng	玛瑙mǎnǎo	弟弟dìdi	随从suícóng
真菌zhēnjūn	虚弱xūruò	天线tiānxiàn	自在zìzai	衰竭shuāijié	课程kèchéng	认真rènzhēn
脚手架jiǎoshǒujià	传真chuánzhēn	堆砌duīqì	更替gēngtì	斟酌zhēnzhuó	乱七八糟luànqībāzāo

三、朗读短文（400个音节，共30分，限时4分钟）

作品24号——《"能吞能吐"的森林》

四、命题说话（请在下列话题中任选一个，共40分，限时3分钟）

1. 对团队精神的理解
2. 我欣赏的历史人物

普通话水平测试考前冲刺试卷 48

一、读单音节字词(100 个音节,共 10 分,限时 3.5 分钟)

盘 pán	俩 liǎ	念 niàn	广 guǎng	握 wò	葬 zàng	采 cǎi	揉 róu	锤 chuí	损 sǔn
左 zuǒ	食 shí	丢 diū	因 yīn	写 xiě	饶 ráo	吐 tǔ	池 chí	江 jiāng	长 zhǎng
资 zī	丁 dīng	看 kàn	级 jí	筐 kuāng	瓮 wèng	退 tuì	涮 shuàn	再 zài	咯 kǎ
管 guǎn	涌 yǒng	朝 zhāo	此 cǐ	特 tè	都 dōu	徐 xú	回 huí	陪 péi	恩 ēn
掐 qiā	体 tǐ	修 xiū	宗 zōng	反 fǎn	递 dì	盲 máng	敲 qiāo	锁 suǒ	鸟 niǎo
车 chē	等 děng	劝 quàn	舜 shùn	来 lái	面 miàn	部 bù	刮 guā	魂 hún	民 mín
别 bié	粪 fèn	兄 xiōng	谁 shuí	溯 sù	惧 jù	喘 chuǎn	量 liàng	拽 zhuài	绒 róng
萍 píng	黑 hēi	冷 lěng	屏 bǐng	眯 mī	革 gé	球 qiú	智 zhì	训 xùn	测 cè
取 qǔ	高 gāo	苗 miáo	涅 niè	或 huò	圈 juān	练 liàn	绝 jué	洪 hóng	学 xué
丰 fēng	眨 zhǎ	枪 qiāng	放 fàng	挺 tǐng	富 fù	髌 bìn	揣 chuāi	爹 diē	深 shēn

二、读多音节词语(100 个音节,共 20 分,限时 2.5 分钟)

询问 xúnwèn	检索 jiǎnsuǒ	标兵 biāobīng	螃蟹 pángxiè	退让 tuìràng	盲目 mángmù	贫穷 pínqióng
挑刺儿 tiāocìr	东家 dōngjia	冷暖 lěngnuǎn	抢夺 qiǎngduó	化工 huàgōng	逃学 táoxué	麻花儿 máhuār
日程 rìchéng	摘除 zhāichú	大夫 dàifu	召开 zhàokāi	双亲 shuāngqīn	打盹儿 dǎdǔnr	退回 tuìhuí
霹雳 pīlì	学费 xuéfèi	爽快 shuǎngkuài	眼睑 yǎnjiǎn	隔阂 géhé	比例尺 bǐlìchǐ	价值 jiàzhí
亵渎 xièdú	子女 zǐnǚ	流传 liúchuán	侄子 zhízi	清风 qīngfēng	富翁 fùwēng	恨不得 hènbude
争端 zhēngduān	手绢儿 shǒujuànr	装配 zhuāngpèi	探寻 tànxún	公共 gōnggòng	驻扎 zhùzhā	诬蔑 wūmiè
脉搏 màibó	厄运 èyùn	犹豫 yóuyù	模拟 mónǐ	火焰 huǒyàn	汗流浃背 hànliú-jiābèi	

三、朗读短文(400 个音节,共 30 分,限时 4 分钟)

作品 37 号——《鸟的天堂》

四、命题说话(请在下列话题中任选一个,共 40 分,限时 3 分钟)

1. 对幸福的理解
2. 向往的地方

普通话水平测试考前冲刺试卷 49

一、读单音节字词(100 个音节,共 10 分,限时 3.5 分钟)

折 zhé	翁 wēng	需 xū	她 tā	印 yìn	供 gòng	份 fèn	剖 pōu	裙 qún	称 chēng
雪 xuě	端 duān	俩 liǎ	通 tōng	皿 mǐn	小 xiǎo	闹 nào	切 qiē	恩 ēn	填 tián
胜 shèng	全 quán	台 tái	囊 náng	球 qiú	造 zào	蛇 shé	语 yǔ	荒 huāng	讲 jiǎng
幅 fú	尺 chǐ	蟒 mǎng	国 guó	先 xiān	损 sǔn	景 jǐng	得 děi	水 shuǐ	理 lǐ
闻 wén	字 zì	垂 chuí	竹 zhú	纵 zòng	战 zhàn	撤 chè	鸣 míng	领 lǐng	掌 zhǎng
拐 guǎi	呆 dāi	号 háo	尊 zūn	遗 yí	罗 luó	非 fēi	嘴 zuǐ	翻 fān	春 chōng
督 dū	擦 cā	虑 lǜ	拽 zhuài	所 suǒ	策 cè	丙 bǐng	俟 sì	刊 kān	镍 niè
枢 shū	垮 kuǎ	量 liàng	光 guāng	假 jià	比 bǐ	华 huá	润 rùn	瘸 qué	熊 xióng
颇 pō	圈 juān	色 shǎi	日 rì	爽 shuǎng	就 jiù	观 guān	胚 pēi	次 cì	肉 ròu
还 huán	毛 máo	坑 kēng	腿 tuǐ	滨 bīn	抢 qiǎng	嗅 xiù	解 jiě	标 biāo	点 diǎn

二、读多音节词语(100 个音节,共 20 分,限时 2.5 分钟)

模范 mófàn	靴子 xuēzi	初期 chūqī	夹缝儿 jiāfèngr	富翁 fùwēng	悖论 bèilùn	进化论 jìnhuàlùn
光能 guāngnéng	眨巴 zhǎba	拍卖 pāimài	上书 shàngshū	扭曲 niǔqū	窘迫 jiǒngpò	衰弱 shuāiruò
民工 míngōng	疲倦 píjuàn	早点 zǎodiǎn	贴切 tiēqiè	豌豆 wāndòu	回归 huíguī	打杂儿 dǎzár
疏忽 shūhu	胸腔 xiōngqiāng	竞赛 jìngsài	消融 xiāoróng	清白 qīngbái	大褂儿 dàguàr	追寻 zhuīxún
害虫 hàichóng	呢绒 níróng	彩礼 cǎilǐ	门槛儿 ménkǎnr	垮台 kuǎtái	遵循 zūnxún	蓄电池 xùdiànchí
隔阂 géhé	洽谈 qiàtán	阴云 yīnyún	名字 míngzi	标本 biāoběn	坏人 huàirén	光明 guāngmíng
大炮 dàpào	出任 chūrèn	告诫 gàojiè	解雇 jiěgù	掩饰 yǎnshì	翩翩起舞 piānpiān-qǐwǔ	

三、朗读短文(400 个音节,共 30 分,限时 4 分钟)

作品 46 号——《中国的牛》

四、命题说话(请在下列话题中任选一个,共 40 分,限时 3 分钟)

1. 假日生活
2. 对亲情(或友情、爱情)的理解

普通话水平测试考前冲刺试卷 50

一、读单音节字词(100 个音节,共 10 分,限时 3.5 分钟)

将jiāng	晃huǎng	云yún	名míng	累lěi	面miàn	凶xiōng	始shǐ	家jiā	卷juǎn
持chí	别bié	信xìn	峰fēng	捉zhuō	囊náng	和hè	吮shǔn	散sǎn	坑kēng
磨mó	色shǎi	秋qiū	把bǎ	提tí	牛niú	醉zuì	富fù	键jiàn	李lǐ
充chōng	殖zhí	脏zāng	横héng	局jú	情qíng	标biāo	挺tǐng	择zé	伙huǒ
棍gùn	兹zī	衰shuāi	辩biàn	墩dūn	撰zhuàn	陵líng	钛tài	悦yuè	喷pēn
瓷cí	篾miè	弄nòng	瓮wèng	钓diào	刃rèn	篙gāo	扎zā	履lǚ	份fèn
强qiǎng	蕊ruǐ	洽qià	固gù	鳃sāi	空kōng	品pǐn	贴tiē	泡pào	硅guī
状zhuàng	像xiàng	拽zhuài	宽kuān	军jūn	刮guā	撒sǎ	短duǎn	说shuō	凡fán
队duì	旋xuán	取qǔ	撤chè	瘸qué	路lù	额é	党dǎng	楼lóu	围wéi
创chuàng	黑hēi	修xiū	产chǎn	密mì	弦xián	操cāo	补bǔ	抓zhuā	凑còu

二、读多音节词语(100 个音节,共 20 分,限时 2.5 分钟)

传导chuándǎo	表白biǎobái	猖狂chāngkuáng	耗费hàofèi	透亮儿tòuliàngr	衰竭shuāijié	甚而shèn'ér
村子cūnzi	洗澡xǐzǎo	责怪zéguài	没趣méiqù	打嗝儿dǎgér	遏制èzhì	月亮yuèliang
水渠shuǐqú	风车fēngchē	韵味yùnwèi	省长shěngzhǎng	号召hàozhào	磊落lěiluò	债权zhàiquán
飞行器fēixíngqì	白齿jiùchǐ	品种pǐnzhǒng	佛法fófǎ	做梦zuòmèng	帐篷zhàngpeng	冰棍儿bīnggùnr
凶恶xiōng'è	沧桑cāngsāng	搜寻sōuxún	通缉tōngjī	推广tuīguǎng	打鸣儿dǎmíngr	戳穿chuōchuān
能耐néngnai	水准shuǐzhǔn	时光shíguāng	劫持jiéchí	品德pǐndé	哺乳bǔrǔ	眷恋juànliàn
亚热带yàrèdài	隆重lóngzhòng	诊治zhěnzhì	主攻zhǔgōng	磅礴pángbó	满不在乎mǎnbùzàihu

三、朗读短文(400 个音节,共 30 分,限时 4 分钟)

作品 45 号——《中国的宝岛——台湾》

四、命题说话(请在下列话题中任选一个,共 40 分,限时 3 分钟)

1. 对环境保护的认识

2. 谈服饰

普通话水平测试考前冲刺试卷 51

一、读单音节字词(100个音节,共10分,限时3.5分钟)

狂kuáng	肥féi	两liǎng	月yuè	瞎xiā	牛niú	死sǐ	铁tiě	薄bó	该gāi
缠chán	训xùn	交jiāo	沟gōu	炙zhì	同tóng	撤chè	畜xù	能néng	响xiǎng
抱bào	堆duī	看kān	酒jiǔ	损sǔn	选xuǎn	觉jué	镇zhèn	嗓sǎng	纵zòng
老lǎo	雄xióng	哈hā	应yīng	夹jiā	短duǎn	汪wāng	省shěng	侯hóu	驴lǘ
蕊ruǐ	逼bī	丢diū	虫chóng	词cí	情qíng	二èr	处chù	鬼guǐ	鸟niǎo
勒lè	切qiē	缓huǎn	说shuō	栽zāi	分fēn	棉mián	拖tuō	部bù	吮shǔn
床chuáng	栋dòng	隶lì	润rùn	殿diàn	裁cái	危wēi	皇huáng	葬zàng	块kuài
权quán	嚷rǎng	姜jiāng	蹄tí	刷shuā	聘pìn	民mín	饭fàn	秦qín	米mǐ
泡pāo	给gěi	属zhǔ	镜jìng	跟gēn	窄zhǎi	是shì	马mǎ	阿ē	甜tián
锋fēng	蹿cuān	去qù	铺pù	爪zhuǎ	和huó	穷qióng	椎zhuī	甩shuǎi	滋zī

二、读多音节词语(100个音节,共20分,限时2.5分钟)

雄姿xióngzī	缩短suōduǎn	濒临bīnlín	名流míngliú	罪状zuìzhuàng	酒盅儿jiǔzhōngr	孙子sūnzi
白天báitiān	卧室wòshì	短缺duǎnquē	市场shìchǎng	收摊儿shōutānr	富翁fùwēng	普选pǔxuǎn
重工业zhònggōngyè	衣服yīfu	调皮tiáopí	罪孽zuìniè	执勤zhíqín	衰变shuāibiàn	聚居jùjū
差错chācuò	蝎子xiēzi	祖宗zǔzong	合作hézuò	人影儿rényǐngr	莫非mòfēi	乘凉chéngliáng
妹妹mèimei	娘家niángjia	瓜瓢儿guāpiáor	钢铁gāngtiě	老鼠lǎoshǔ	兄弟xiōngdi	发疯fāfēng
快乐kuàilè	电磁场diàncíchǎng	脑海nǎohǎi	秉承bǐngchéng	创口chuāngkǒu	水井shuǐjǐng	啤酒píjiǔ
民航mínháng	嘹亮liáoliàng	开启kāiqǐ	揭发jiēfā	海豚hǎitún	马不停蹄mǎbùtíngtí

三、朗读短文(400个音节,共30分,限时4分钟)

作品50号——《最糟糕的发明》

四、命题说话(请在下列话题中任选一个,共40分,限时3分钟)

1. 生活中的诚信

2. 尊敬的人

普通话水平测试考前冲刺试卷 52

一、读单音节字词(100 个音节,共 10 分,限时 3.5 分钟)

凶xiōng	鱼yú	种zhǒng	挺tǐng	菌jūn	盐yán	猛měng	快kuài	持chí	据jù
亮liàng	宿xiǔ	层céng	苯běn	来lái	体tǐ	标biāo	天tiān	若ruò	丝sī
俩liǎ	顿dùn	五wǔ	船chuán	准zhǔn	泽zé	高gāo	捉zhuō	创chuàng	所suǒ
球qiú	太tài	税shuì	环huán	丢diū	徐xú	肥féi	哭kū	卷juǎn	强qiǎng
放fàng	磷lín	根gēn	室shì	定dìng	密mì	望wàng	荷hé	醒xǐng	拳quán
蔑miè	宽kuān	产chǎn	装zhuāng	栽zāi	好hǎo	贵guì	洪hóng	贩fàn	熄xī
杖zhàng	殿diàn	署shǔ	荚jiá	焚fén	舜shùn	烈liè	惹rě	绊bàn	策cè
滋zī	牧mù	饶ráo	槐huái	凝níng	寡guǎ	民mín	扎zā	陡dǒu	骗piàn
对duì	颇pō	把bǎ	键jiàn	瞧qiáo	内nèi	越yuè	吹chuī	品pǐn	钠nà
保bǎo	声shēng	艘sōu	光guāng	爪zhuǎ	讽fěng	雀què	昂áng	词cí	总zǒng

二、读多音节词语(100 个音节,共 20 分,限时 2.5 分钟)

懒散lǎnsǎn	祈求qíqiú	穷人qióngrén	身段shēnduàn	石笋shísǔn	富翁fùwēng	下巴xiàba
收摊儿shōutānr	挫折cuòzhé	年轮niánlún	女王nǚwáng	车床chēchuáng	领事馆lǐngshìguǎn	穷困qióngkùn
嫁接jiàjiē	招呼zhāohu	盟国méngguó	摸黑儿mōhēir	题词tící	奋斗fèndòu	回信huíxìn
培训péixùn	爪子zhuǎzi	致密zhìmì	丝绒sīróng	谴责qiǎnzé	水肿shuǐzhǒng	功夫gōngfu
杀菌shājūn	证据zhèngjù	影响yǐngxiǎng	出厂chūchǎng	天边tiānbiān	作怪zuòguài	拳头quántóu
交响乐jiāoxiǎngyuè	肮脏āngzāng	老头儿lǎotóur	财会cáikuài	跳高儿tiàogāor	内容nèiróng	在行zàiháng
抚育fǔyù	法医fǎyī	转换zhuǎnhuàn	遭遇zāoyù	天然tiānrán	脱颖而出tuōyǐng'érchū	

三、朗读短文(400 个音节,共 30 分,限时 4 分钟)

作品 16 号——《记忆像铁轨一样长》

四、命题说话(请在下列话题中任选一个,共 40 分,限时 3 分钟)

1. 我所在的学校(或公司、团队、其他机构)

2. 对终身学习的看法

普通话水平测试考前冲刺试卷 53

一、读单音节字词（100个音节，共10分，限时3.5分钟）

别bié	闻wén	曰yuē	得děi	铝lǚ	封fēng	跑pǎo	汤tāng	畜xù	穷qióng
磁cí	春chūn	霜shuāng	宽kuān	民mín	镜jìng	似sì	选xuǎn	菌jūn	林lín
强qiǎng	冰bīng	碱jiǎn	瞎xiā	说shuō	飘piāo	扯chě	属zhǔ	斗dòu	旁páng
锐ruì	乐lè	囤tún	耐nài	暗àn	外wài	算suàn	酒jiǔ	纵zòng	给gěi
拽zhuài	狗gǒu	荒huāng	泽zé	内nèi	日rì	确què	广guǎng	成chéng	芽yá
齐qí	修xiū	红hóng	毛máo	争zhēng	盏zhǎn	洗xǐ	面miàn	扩kuò	替tì
恒héng	鸣míng	反fǎn	栽zāi	饶ráo	卡kǎ	府fǔ	扁biǎn	滚gǔn	划huá
雕diāo	捐juān	请qǐng	苏sū	踱duó	垂chuí	瞄miáo	帖tiě	策cè	川chuān
殿diàn	璧bì	申shēn	是shì	滨bīn	怀huái	嘴zuǐ	怒nù	俩liǎ	瓜guā
量liàng	从cóng	佛fó	睡shuì	而ér	张zhāng	六liù	侄zhí	姿zī	菊jú

二、读多音节词语（100个音节，共20分，限时2.5分钟）

折磨zhémó	老化lǎohuà	古董gǔdǒng	妥协tuǒxié	诀别juébié	思量sīliang	盛夏shèngxià
记事儿jìshìr	霉菌méijūn	恒定héngdìng	好比hǎobǐ	纳税nàshuì	花瓶儿huāpíngr	闪烁shǎnshuò
脱胎tuōtāi	复发fùfā	面条儿miàntiáor	疙瘩gēda	泛滥fànlàn	创办chuàngbàn	宽容kuānróng
耷拉dāla	爱国àiguó	规劝guīquàn	清一色qīngyīsè	准确zhǔnquè	使者shǐzhě	毛驴儿máolǘr
区分qūfēn	客栈kèzhàn	筹备chóubèi	私有制sīyǒuzhì	无暇wúxiá	纵队zòngduì	扭曲niǔqū
甚至shènzhì	地方dìfang	缺少quēshǎo	心肠xīncháng	惆怅chóuchàng	指点zhǐdiǎn	分娩fēnmiǎn
留存liúcún	处置chǔzhì	顿时dùnshí	敏锐mǐnruì	分子fēnzǐ	车水马龙chēshuǐ-mǎlóng

三、朗读短文（400个音节，共30分，限时4分钟）

作品8号——《鼎湖山听泉》

四、命题说话（请在下列话题中任选一个，共40分，限时3分钟）

1. 我喜爱的植物
2. 过去的一年

普通话水平测试考前冲刺试卷 54

一、读单音节字词(100 个音节,共 10 分,限时 3.5 分钟)

贩fàn	栋dòng	悦yuè	韧rèn	戳chuō	笋sǔn	揣chuāi	滨bīn	踱duó	抓zhuā
瘠jí	鄂è	黑hēi	曾zēng	拐guǎi	操cāo	铁tiě	擦cā	率lǜ	扰rǎo
磨mó	方fāng	会huì	拖tuō	假jiǎ	奴nú	将jiàng	瑞ruì	屋wū	同tóng
菌jūn	抗kàng	赶gǎn	全quán	色shǎi	谬miù	穷qióng	狗gǒu	讽fěng	车chē
始shǐ	算suàn	凝níng	择zé	营yíng	篇piān	准zhǔn	题tí	恩ēn	劲jìn
坑kēng	情qíng	姿zī	边biān	烂làn	瘸qué	华huá	盲máng	跑pǎo	再zài
首shǒu	徐xú	团tuán	哈hā	跌diē	水shuǐ	路lù	虾xiā	尾wěi	磁cí
隔gé	修xiū	伏fú	晃huǎng	面miàn	小xiǎo	摆bǎi	装zhuāng	硫liú	表biǎo
暖nuǎn	针zhēn	堆duī	民mín	赤chì	调diào	选xuǎn	比bǐ	响xiǎng	松sōng
纲gāng	肥féi	愣lèng	瓶píng	宗zōng	舜shùn	结jié	致zhì	躯qū	幢chuáng

二、读多音节词语(100 个音节,共 20 分,限时 2.5 分钟)

花瓣huābàn	补考bǔkǎo	冻疮dòngchuāng	开窍儿kāiqiàor	政权zhèngquán	啰嗦luōsuo	口袋kǒudai
是非shìfēi	草拟cǎonǐ	明媚míngmèi	讽刺fěngcì	顺势shùnshì	柔软róuruǎn	投靠tóukào
党委dǎngwěi	包袱bāofu	田埂tiángěng	滚动gǔndòng	没谱儿méipǔr	雪花xuěhuā	流量liúliàng
退出tuìchū	展望zhǎnwàng	挑衅tiǎoxìn	顺便shùnbiàn	红领巾hónglǐngjīn	洁白jiébái	温暖wēnnuǎn
识破shípò	私人sīrén	宇航员yǔhángyuán	价钱jiàqian	佛寺fósì	火星儿huǒxīngr	废物fèiwu
责怪zéguài	小米xiǎomǐ	苍穹cāngqióng	对等duìděng	抽签chōuqiān	凉快liángkuai	繁殖fánzhí
号码儿hàomǎr	祝贺zhùhè	目光mùguāng	道路dàolù	博大bódà	文质彬彬wénzhì-bīnbīn	

三、朗读短文(400 个音节,共 30 分,限时 4 分钟)

作品 48 号——《"住"的梦》

四、命题说话(请在下列话题中任选一个,共 40 分,限时 3 分钟)

1. 网络时代的生活
2. 学习普通话(或其他语言)的体会

普通话水平测试考前冲刺试卷 55

一、读单音节字词(100个音节,共10分,限时3.5分钟)

旁 páng	沙 shā	层 céng	买 mǎi	互 hù	乐 lè	款 kuǎn	滋 zī	灭 miè	屯 tún
圈 juān	恰 qià	丛 cóng	群 qún	把 bǎ	摔 shuāi	鬓 bìn	质 zhì	恩 ēn	别 bié
咱 zán	费 fèi	绣 xiù	组 zǔ	徐 xú	退 tuì	猫 māo	棚 péng	凭 píng	乃 nǎi
钻 zuān	跌 diē	却 què	翻 fān	真 zhēn	精 jīng	明 míng	逗 dòu	瘤 liú	体 tǐ
桌 zhuō	吹 chuī	状 zhuàng	哄 hǒng	楼 lóu	触 chù	嫁 jià	免 miǎn	雪 xuě	横 héng
伤 shāng	裹 guǒ	杭 háng	炮 bāo	丢 diū	撤 chè	幅 fú	惹 rě	虑 lǜ	瑞 ruì
皴 cūn	抓 zhuā	搔 sāo	芯 xīn	二 èr	厘 lí	拒 jù	槐 huái	嚷 rǎng	垮 kuǎ
葛 gě	筏 fá	缰 jiāng	拆 chāi	笑 xiào	松 sōng	整 zhěng	食 shí	店 diàn	似 sǎ
谓 wèi	担 dān	硅 guī	说 shuō	虫 chóng	我 wǒ	短 duǎn	琼 qióng	引 yǐn	光 guāng
早 zǎo	甜 tián	全 quán	鸟 niǎo	滚 gǔn	娘 niáng	分 fēn	意 yì	揩 kāi	尺 chǐ

二、读多音节词语(100个音节,共20分,限时2.5分钟)

持续 chíxù	门槛儿 ménkǎnr	咨询 zīxún	更改 gēnggǎi	逃脱 táotuō	手掌 shǒuzhǎng	物价 wùjià
中间人 zhōngjiānrén	专程 zhuānchéng	苍穹 cāngqióng	广泛 guǎngfàn	鲨鱼 shāyú	迁徙 qiānxǐ	垂钓 chuídiào
粮食 liángshi	早春 zǎochūn	惦念 diànniàn	老者 lǎozhě	痢疾 lìji	鼻梁儿 bíliángr	花旦 huādàn
诉说 sùshuō	青铜 qīngtóng	宾馆 bīnguǎn	博物馆 bówùguǎn	自封 zìfēng	卫兵 wèibīng	泄气 xièqì
远景 yuǎnjǐng	群落 qúnluò	相思 xiāngsī	缺损 quēsǔn	棉花 miánhuā	爽快 shuǎngkuai	懂得 dǒngdé
投放 tóufàng	下巴 xiàba	板擦儿 bǎncār	压迫 yāpò	直觉 zhíjué	摸黑儿 mōhēir	卑鄙 bēibǐ
查询 cháxún	怠慢 dàimàn	隔离 gélí	号称 hàochēng	领教 lǐngjiào	百折不挠 bǎizhé-bùnáo	

三、朗读短文(400个音节,共30分,限时4分钟)

作品1号——《北京的春节》

四、命题说话(请在下列话题中任选一个,共40分,限时3分钟)

1. 谈传统美德
2. 我喜欢的美食

普通话水平测试考前冲刺试卷 56

一、读单音节字词(100 个音节,共 10 分,限时 3.5 分钟)

坠zhuì	增zēng	娘niáng	第dì	海hǎi	款kuǎn	房fáng	格gé	宝bǎo	丢diū
棍gùn	分fēn	琼qióng	圈juàn	之zhī	耍shuǎ	溜liù	损sǔn	片piàn	淫yín
碎suì	得děi	蹿cuān	撇piē	下xià	烘hōng	广guǎng	皿mǐn	踹chuài	伶líng
特tè	俩liǎ	航háng	切qiē	当dàng	停tíng	股gǔ	掉diào	感gǎn	涮shuàn
遭zāo	持chí	霜shuāng	键jiàn	社shè	俩liǎ	心xīn	没méi	兄xiōng	夫fū
闪shǎn	绝jué	爪zhuǎ	厚hòu	锤chuí	载zài	托tuō	是shì	怀huái	处chǔ
冷lěng	强qiǎng	若ruò	瓦wǎ	举jǔ	棵kē	甜tián	呆dāi	盆pén	群qún
校xiào	就jiù	着zhuó	哪nǎ	草cǎo	屯tún	争zhēng	布bù	宗zōng	蕊ruǐ
全quán	滋zī	松sōng	先xiān	差chāi	恩ēn	语yǔ	楼lóu	血xuè	费fèi
镍niè	瓮wèng	佛fó	米mǐ	版bǎn	狂kuáng	鸣míng	骑qí	病bìng	赐cì

二、读多音节词语(100 个音节,共 20 分,限时 2.5 分钟)

头发tóufa	扫射sǎoshè	导管dǎoguǎn	调价tiáojià	霉菌méijūn	传承chuánchéng	奶牛nǎiniú
电磁波diàncíbō	宗法zōngfǎ	虽说suīshuō	逗乐儿dòulèr	扭转niǔzhuǎn	齿轮chǐlún	幼儿yòuér
胆子dǎnzi	支配zhīpèi	直径zhíjìng	迅速xùnsù	过火guòhuǒ	昆仑kūnlún	凶恶xiōng'è
总管zǒngguǎn	没准儿méizhǔnr	阔气kuòqi	碎步儿suìbùr	排球páiqiú	人伦rénlún	养老yǎnglǎo
指南针zhǐnánzhēn	穷困qióngkùn	旋涡xuánwō	水波shuǐbō	爽快shuǎngkuai	遍布biànbù	刀枪dāoqiāng
提成儿tíchéngr	纲领gānglǐng	装置zhuāngzhì	风姿fēngzī	脊梁jǐliang	老者lǎozhě	着想zhuóxiǎng
苍蝇cāngying	地貌dìmào	激发jīfā	鳄鱼èyú	威胁wēixié	情有独钟qíngyǒudúzhōng

三、朗读短文(400 个音节,共 30 分,限时 4 分钟)

作品 14 号——《海洋与生命》

四、命题说话(请在下列话题中任选一个,共 40 分,限时 3 分钟)

1. 家庭对个人成长的影响

2. 我喜爱的艺术形式

普通话水平测试考前冲刺试卷 57

一、读单音节字词(100 个音节,共 10 分,限时 3.5 分钟)

千 qiān　数 shǔ　编 biān　肯 kěn　觉 jué　操 cāo　撒 sā　敲 qiāo　腿 tuǐ　盼 pàn

毛 máo　卧 wò　讲 jiǎng　视 shì　灭 miè　踹 chuài　绿 lǜ　瓶 píng　嗅 xiù　皿 mǐn

提 tí　具 jù　资 zī　香 xiāng　甲 jiǎ　吹 chuī　罗 luó　冰 bīng　微 wēi　刷 shuā

算 suàn　卷 juǎn　叠 dié　眨 zhǎ　采 cǎi　卵 luǎn　片 piàn　分 fèn　走 zǒu　吮 shǔn

海 hǎi　种 zhǒng　日 rì　骨 gǔ　桃 táo　乐 lè　常 cháng　着 zhuó　丢 diū　缠 chán

泥 ní　流 liú　夫 fū　挥 huī　鸣 míng　过 guò　德 dé　贴 tiē　志 zhì　杭 háng

饭 fàn　增 zēng　骑 qí　晃 huǎng　懂 dǒng　改 gǎi　掉 diào　部 bù　薪 xīn　愿 yuàn

穷 qióng　续 xù　寿 shòu　饵 ěr　浓 nóng　证 zhèng　聋 lóng　爪 zhuǎ　霜 shuāng　呛 qiàng

兄 xiōng　饲 sì　软 ruǎn　梆 bāng　嫩 nèn　苗 miáo　运 yùn　掐 qiā　非 fēi　紧 jǐn

刺 cì　尊 zūn　车 chē　润 rùn　给 gěi　血 xuè　更 gèng　溃 kuì　创 chuāng　怀 huái

二、读多音节词语(100 个音节,共 20 分,限时 2.5 分钟)

违约 wéiyuē　剪纸 jiǎnzhǐ　北半球 běibànqiú　磷肥 línféi　轰鸣 hōngmíng　爱国 àiguó　灯泡儿 dēngpàor

濒于 bīnyú　苍穹 cāngqióng　富翁 fùwēng　选取 xuǎnqǔ　挑刺儿 tiāocìr　轮子 lúnzi　地下水 dìxiàshuǐ

蜂房 fēngfáng　月饼 yuèbing　目录 mùlù　综合 zōnghé　长城 chángchéng　僵死 jiāngsǐ　泡菜 pàocài

胸腔 xiōngqiāng　挑剔 tiāoti　旅馆 lǚguǎn　柱子 zhùzi　南瓜 nánguā　顶牛儿 dǐngniúr　沉默 chénmò

民航 mínháng　觉察 juéchá　资格 zīgé　揣测 chuǎicè　烈日 lièrì　遵循 zūnxún　命中 mìngzhòng

能人 néngrén　曝光 bàoguāng　转化 zhuǎnhuà　对待 duìdài　手绢儿 shǒujuànr　推翻 tuīfān　秋季 qiūjì

迅速 xùnsù　笑话 xiàohua　太空 tàikōng　液体 yètǐ　赤城 chìchéng　咄咄逼人 duōduō-bīrén

三、朗读短文(400 个音节,共 30 分,限时 4 分钟)

作品 22 号——《麻雀》

四、命题说话(请在下列话题中任选一个,共 40 分,限时 3 分钟)

1. 谈中国传统文化

2. 让我感动的事

普通话水平测试考前冲刺试卷 58

一、读单音节字词(100 个音节,共 10 分,限时 3.5 分钟)

抿 mǐn	狂 kuáng	宿 xiǔ	堆 duī	持 chí	和 huó	田 tián	藏 zàng	若 ruò	象 xiàng
揣 chuāi	针 zhēn	蓝 lán	族 zú	挤 jǐ	回 huí	广 guǎng	戳 chuō	供 gòng	语 yǔ
喝 hè	叠 dié	吹 chuī	似 sì	道 dào	神 shén	露 lù	看 kān	损 sǔn	直 zhí
表 biǎo	乳 rǔ	走 zǒu	团 tuán	编 biān	沟 gōu	将 jiāng	掐 qiā	纵 zòng	勤 qín
咧 liě	还 huán	娶 qǔ	虾 xiā	税 shuì	披 pī	溜 liū	牌 pái	腐 fǔ	雀 què
北 běi	察 chá	酒 jiǔ	色 shǎi	当 dāng	包 bāo	明 míng	割 gē	焚 fén	二 èr
幸 xìng	尸 shī	内 nèi	惧 jù	创 chuāng	轮 lún	软 ruǎn	仿 fǎng	扼 è	选 xuǎn
帅 shuài	翁 wēng	耸 sǒng	烦 fán	垮 kuǎ	擦 cā	郑 zhèng	韦 wéi	圈 juàn	呛 qiàng
爪 zhuǎ	飘 piāo	刺 cì	抹 mǒ	则 zé	曰 yuē	泥 ní	冻 dòng	村 cūn	骂 mà
菌 jūn	找 zhǎo	挺 tǐng	念 niàn	新 xīn	海 hǎi	糖 táng	缝 fèng	琼 qióng	胜 shèng

二、读多音节词语(100 个音节,共 20 分,限时 2.5 分钟)

环流 huánliú	蚯蚓 qiūyǐn	懊恼 àonǎo	混凝土 hùnníngtǔ	驱车 qūchē	随军 suíjūn	渗透 shèntòu
临别 línbié	茉莉 mòlì	裁缝 cáifeng	当家 dāngjiā	变更 biàngēng	巧克力 qiǎokèlì	享有 xiǎngyǒu
被窝儿 bèiwōr	窘迫 jiǒngpò	选种 xuǎnzhǒng	软弱 ruǎnruò	失实 shīshí	自救 zìjiù	漆器 qīqì
稳产 wěnchǎn	找茬儿 zhǎochár	作怪 zuòguài	变态 biàntài	规则 guīzé	快活 kuàihuo	放电 fàngdiàn
穷人 qióngrén	诀别 juébié	搜寻 sōuxún	挖苦 wāku	村庄 cūnzhuāng	花瓶儿 huāpíngr	劳累 láolèi
转化 zhuǎnhuà	送信儿 sòngxìnr	婆家 pójia	窗帘 chuānglián	史诗 shǐshī	发疯 fāfēng	月初 yuèchū
丞相 chéngxiàng	大局 dàjú	淳朴 chúnpǔ	钢盔 gāngkuī	奖惩 jiǎngchéng	熙熙攘攘 xīxī-rǎngrǎng

三、朗读短文(400 个音节,共 30 分,限时 4 分钟)

作品 31 号——《苏州园林》

四、命题说话(请在下列话题中任选一个,共 40 分,限时 3 分钟)

1. 我的兴趣爱好

2. 印象深刻的书籍(或报刊)

普通话水平测试考前冲刺试卷 59

一、读单音节字词(100 个音节,共 10 分,限时 3.5 分钟)

僧 sēng	复 fù	懂 dǒng	垂 chuí	像 xiàng	曾 céng	返 fǎn	埋 mái	熊 xióng	使 shǐ
捐 juān	特 tè	筐 kuāng	链 liàn	屏 píng	滚 gǔn	贮 zhù	糕 gāo	煅 duàn	氦 hài
刷 shuā	徽 huī	僻 pì	脓 nóng	档 dàng	根 gēn	骗 piàn	刁 diāo	劝 quàn	添 tiān
踹 chuài	妆 zhuāng	奴 nú	燃 rán	羹 gēng	给 gěi	量 liàng	团 tuán	弱 ruò	北 běi
幢 chuáng	钱 qián	说 shuō	日 rì	雨 yǔ	六 liù	窝 wō	些 xiē	却 què	脏 zāng
怪 guài	引 yǐn	上 shàng	随 suí	赖 lài	寻 xún	八 bā	苗 miáo	老 lǎo	收 shōu
考 kǎo	骑 qí	棵 kē	坠 zhuì	糖 táng	词 cí	逢 féng	既 jì	掐 qiā	数 shǔ
觉 jué	称 chèn	酸 suān	宗 zōng	春 chūn	紫 zǐ	化 huà	修 xiū	擦 cā	尊 zūn
命 mìng	捉 zhuō	愁 chóu	织 zhī	尾 wěi	并 bìng	小 xiǎo	粉 fěn	儿 ér	民 mín
咱 zán	您 nín	和 hé	爹 diē	假 jiǎ	取 qǔ	冷 lěng	比 bǐ	九 jiǔ	这 zhè

二、读多音节词语(100 个音节,共 20 分,限时 2.5 分钟)

归队 guīduì	落户 luòhù	钦差 qīnchāi	辩证法 biànzhèngfǎ	首创 shǒuchuàng	女士 nǚshì	绝境 juéjìng
雄蕊 xióngruǐ	抓紧 zhuājǐn	逝世 shìshì	坎肩儿 kǎnjiānr	分子 fēnzǐ	婆婆 pópo	围裙 wéiqún
高烧 gāoshāo	马鞍 mǎ'ān	拐杖 guǎizhàng	跳蚤 tiàozao	流量 liúliàng	整顿 zhěngdùn	微风 wēifēng
腐朽 fǔxiǔ	旁人 pángrén	调节 tiáojié	昨天 zuótiān	红包儿 hóngbāor	老总 lǎozǒng	昏黄 hūnhuáng
科学家 kēxuéjiā	拳头 quántóu	切割 qiēgē	思忖 sīcǔn	装载 zhuāngzài	鱼漂儿 yúpiāor	专断 zhuānduàn
大略 dàlüè	把柄 bǎbǐng	大方 dàfang	安全 ānquán	农耕 nónggēng	茸毛 róngmáo	雨伞 yǔsǎn
香肠儿 xiāngchángr	鼻梁 bíliáng	草药 cǎoyào	帝王 dìwáng	附和 fùhè	千里迢迢 qiānlǐ-tiáotiáo	

三、朗读短文(400 个音节,共 30 分,限时 4 分钟)

作品 3 号——《匆匆》

四、命题说话(请在下列话题中任选一个,共 40 分,限时 3 分钟)

1. 我欣赏的历史人物
2. 对幸福的理解

普通话水平测试考前冲刺试卷 60

一、读单音节字词(100 个音节,共 10 分,限时 3.5 分钟)

廊 kuò	满 mǎn	壁 bì	弹 tán	瓶 píng	雄 xióng	瑞 ruì	稍 shāo	买 mǎi	键 jiàn
北 běi	耍 shuǎ	将 jiāng	吃 chī	您 nín	抓 zhuā	得 dé	飘 piāo	视 shì	丢 diū
墙 qiáng	灭 miè	畜 xù	簇 cù	润 rùn	恰 qià	族 zú	俩 liǎ	锤 chuí	欲 yù
横 héng	朝 zhāo	别 bié	三 sān	后 hòu	装 zhuāng	堵 dǔ	荒 huāng	空 kōng	长 zhǎng
滚 gǔn	仄 zè	阙 què	拟 nǐ	罚 fá	扁 biǎn	筑 zhù	血 xuè	愣 lèng	盯 dīng
搅 jiǎo	久 jiǔ	此 cǐ	房 fáng	炮 bāo	拳 quán	宫 gōng	训 xùn	谁 shuí	落 luò
蠢 chǔn	筛 shāi	驹 jū	亭 tíng	吻 wěn	俟 sì	韦 wéi	穗 suì	乖 guāi	软 ruǎn
钛 tài	脓 nóng	紫 zǐ	擦 cā	拼 pīn	旷 kuàng	绫 líng	惩 chéng	观 guàn	躲 duǒ
音 yīn	份 fèn	量 liáng	选 xuǎn	殖 zhí	佛 fó	美 měi	昂 áng	怀 huái	钻 zuān
各 gè	陈 chén	弦 xián	留 liú	冯 féng	总 zǒng	偷 tōu	以 yǐ	差 chà	且 qiě

二、读多音节词语(100 个音节,共 20 分,限时 2.5 分钟)

更正 gēngzhèng	维持 wéichí	准许 zhǔnxǔ	短处 duǎnchù	分流 fēnliú	皇家 huángjiā	小说儿 xiǎoshuōr
会谈 huìtán	推翻 tuīfān	芹菜 qíncài	奖品 jiǎngpǐn	凶手 xiōngshǒu	脑瓜儿 nǎoguār	描摹 miáomó
领略 lǐnglüè	祖母 zǔmǔ	包涵 bāohán	费劲 fèijìn	支架 zhījià	水草 shuǐcǎo	统率 tǒngshuài
青睐 qīnglài	选手 xuǎnshǒu	姑娘 gūniang	牛仔裤 niúzǎikù	穿戴 chuāndài	忠诚 zhōngchéng	咨询 zīxún
刀刃儿 dāorènr	穷困 qióngkùn	摄氏度 shèshìdù	年头儿 niántóur	快活 kuàihuo	抓获 zhuāhuò	日光 rìguāng
衡量 héngliáng	起床 qǐchuáng	童子 tóngzǐ	翡翠 fěicuì	清偿 qīngcháng	人群 rénqún	干涸 gānhé
激怒 jīnù	盲肠 mángcháng	乾坤 qiánkūn	蜈蚣 wúgōng	辛辣 xīnlà	轩然大波 xuānrán-dàbō

三、朗读短文(400 个音节,共 30 分,限时 4 分钟)

作品 28 号——《人生如下棋》

四、命题说话(请在下列话题中任选一个,共 40 分,限时 3 分钟)

1. 谈传统美德
2. 难忘的旅行

附录一　普通话水平测试用普通话多音字表

A
阿 ā/ē
啊 ā/á/ǎ/à
挨 āi/ái
唉 āi/ài
熬 āo/áo
拗 ào/niù

B
扒 bā/pá
耙 bà/pá
膀 bǎng/pāng/páng
磅 bàng/páng
炮 bāo/páo/pào
剥 bāo/bō
薄 báo/bó/bò
堡 bǎo/bǔ/pù
刨 bào/páo
背 bēi/bèi
奔 bēn/bèn
绷 bēng/běng/bèng
秘 Bì/mì
辟 bì/pì
扁 biǎn/piān
便 biàn/pián
别 bié/biè
屏 bǐng/píng

C
参 cān/cēn/shēn
藏 cáng/zàng
曾 céng/zēng
差 chā/chà/chāi/chài/cī
杈 chā/chà
喳 chā/zhā
掺 chān/shǎn
单 chán/dān/Shàn
禅 chán/shàn
倡 chāng/chàng
长 cháng/zhǎng
剿 chāo/jiǎo
车 chē/jū
尺 chě/chǐ
称 chèn/chēng/chèng

盛 chéng/shèng
种 Chóng/zhǒng/zhòng
重 chóng/zhòng
臭 chòu/xiù
处 chǔ/chù
揣 chuāi/chuǎi/chuài
创 chuāng/chuàng
幢 chuáng/zhuàng
闯 chuǎng
刺 cī/cì
攒 cuán/zǎn
衰 cuī/shuāi

D
答 dā/dá
打 dá/dǎ
大 dà/dài
待 dāi/dài
逮 dǎi/dài
担 dān/dàn
掸 dǎn/Shàn
石 dàn/shí
弹 dàn/tán
当 dāng/dàng
倒 dǎo/dào
得 dé/děi
提 dī/tí
调 diào/tiáo
钉 dīng/dìng
都 dōu/dū
斗 dǒu/dòu
读 dòu/dú
度 dù/duó
囤 dùn/tún
垛 duǒ/duò
驮 duò/tuó

E
哦 é/ó/ò
恶 ě/è/wū/wù

F
发 fā/fà
缝 féng/fèng
佛 fó/fú

否 fǒu/pǐ
服 fú/fù

G
夹 gā/jiā/jiá
干 gān/gàn
杆 gān/gǎn
岗 gāng/gǎng
钢 gāng/gàng
膏 gāo/gào
搁 gē/gé
咯 gē/kǎ/luò
葛 gé/Gě
颔 Gé/hé
个 gě/gè
给 gěi/jǐ
更 gēng/gèng
颈 gěng/jǐng
供 gōng/gòng
勾 gōu/gòu
句 gōu/jù
估 gū/gù
骨 gū/gǔ
贾 gǔ/Jiǎ
观 guān/guàn
冠 guān/guàn
龟 guī/jūn/qiū
柜 guì/jǔ
过 Guō/guò
涡 Guō/wō

H
哈 hā/Hǎ
咳 hāi/ké
还 hái/huán
汗 hán/hàn
行 háng/hàng/héng/xíng
号 háo/hào
好 hǎo/hào
喝 hē/hè
和 hé/hè/hú/huó/huò
荷 hé/hè
核 hé/hú
吓 hè/xià

横 héng/hèng
哄 hōng/hǒng/hòng
侯 hóu/hòu
糊 hū/hú/hù
划 huá/huà
华 huá/Huà
晃 huǎng/huàng
会 huì/kuài
溃 huì/kuì
混 hún/hùn
豁 huō/huò

J
几 jī/jǐ
奇 jī/qí
纪 Jǐ/jì
济 Jǐ/jì
系 jì/xì
假 jiǎ/jià
间 jiān/jiàn
浅 jiān/qiǎn
监 jiān/jiàn
见 jiàn/xiàn
将 jiāng/jiàng/qiāng
浆 jiāng/jiàng
降 jiàng/xiáng
强 jiàng/qiáng/qiǎng
教 jiāo/jiào
矫 jiáo/jiǎo
嚼 jiáo/jiào/jué
角 jiǎo/jué
觉 jiào/jué
校 jiào/xiào
节 jiē/jié
结 jiē/jié
解 jiě/jiè/xiè
禁 jīn/jìn
尽 jǐn/jìn
劲 jìn/jìng
经 jīng/jìng
据 jū/jù
圈 juān/juàn/quān
卷 juǎn/juàn

倔 jué/juè
菌 jūn/jùn

K

卡 kǎ/qiǎ
看 kān/kàn
壳 ké/qiào
可 kě/kè
空 kōng/kòng

L

拉 lā/lá/lǎ/là
癞 là/lài
落 là/lào/luò
蜡 là/zhà
络 lào/luò
乐 lè/yuè
勒 lè/lēi
了 le/liǎo
累 léi/lěi/lèi
擂 léi/lèi
棱 lēng/léng/líng
哩 lī/lǐ
俩 liǎ/liǎng
凉 liáng/liàng
量 liáng/liàng
撩 liāo/liáo
咧 liē/liě
令 líng/lǐng/lìng
溜 liū/liù
陆 liù/lù
笼 lóng/lǒng
搂 lōu/lǒu
露 lòu/lù
绿 lù/lǜ
率 lǜ/shuài
论 Lún/lùn
捋 luō/lǚ

M

抹 mā/mǒ/mò
摩 mā/mó
吗 mā/mǎ/ma
埋 mái/mán
脉 mài/mò
蔓 mán/màn/wàn
没 méi/mò
闷 mēn/mèn
蒙 mēng/méng/Měng

眯 mī/mí
模 mó/mú

N

那 Nā/nà
哪 nǎ/né
娜 nà/nuó
难 nán/nàn
囊 nāng/náng
泥 ní/nì
粘 nián/zhān
宁 níng/nìng
拧 níng/nǐng/nìng

O

区 Ōu/qū

P

迫 pǎi/pò
胖 pán/pàng
泡 pāo/pào
跑 páo/pǎo
喷 pēn/pèn
劈 pī/pǐ
片 piān/piàn
漂 piāo/piǎo/piào
朴 Piáo/pō/pò/pǔ
撇 piē/piě
迫 pǎi/pò
仆 pū/pú
铺 pū/pù

Q

纤 qiàn/xiān
抢 qiāng/qiǎng
呛 qiāng/qiàng
翘 qiáo/qiào
鞘 qiào/shāo
切 qiē/qiè
亲 qīn/qìng
曲 qū/qǔ
阙 quē/què

R

嚷 rāng/rǎng
任 Rén/rèn

S

撒 sā/sǎ
塞 sāi/sài/sè

散 sǎn/sàn
臊 sāo/sào
扫 sǎo/sào
色 sè/shǎi
杉 shā/shān
煞 shā/shà
扇 shān/shàn
汤 shāng/tāng
上 shǎng/shàng
捎 shāo/shào
稍 shāo/shào
少 shǎo/shào
召 Shào/zhào
折 shé/zhē/zhé
拾 shè/shí
谁 shéi/shuí
什 shén/shí
省 shěng/xǐng
嘘 shī/xū
识 shí/zhì
氏 shì/zhī
似 shì/sì
熟 shóu/shú
属 shǔ/zhǔ
数 shǔ/shù/shuò
俞 shù/yú
说 shuì/shuō
宿 sù/xiǔ/xiù
缩 sù/suō

T

踏 tā/tà
拓 tà/tuò
台 Tāi/tái
体 tī/tǐ
挑 tiāo/tiǎo
帖 tiē/tiě/tiè
通 tōng/tòng
同 tóng/tòng
吐 tǔ/tù
褪 tuì/tùn

W

瓦 wǎ/wà
为 wéi/wèi
尾 wěi/yǐ
尉 wèi/yù

乌 wū/wù

X

洗 xǐ/Xiǎn
铣 xǐ/xiǎn
鲜 xiān/xiǎn
相 xiāng/xiàng
肖 Xiāo/xiào
削 xiāo/xuē
叶 xié/yè
血 xiě/xuè
兴 xīng/xìng

Y

压 yā/yà
轧 yà/zhá
咽 yān/yàn/yè
殷 yān/yīn
燕 Yān/yàn
约 yāo/yuē
要 yāo/yào
掖 yē/yè
荫 yīn/yìn
应 yīng/yìng
予 yú/yǔ
员 yuán/Yùn
晕 yūn/yùn

Z

扎 zā/zhā/zhá
咋 zá/zé
载 zǎi/zài
赃 zāng/zàng
择 zé/zhái
炸 zhá/zhà
占 zhān/zhàn
涨 zhǎng/zhàng
着 zhāo/zháo/zhe/zhuó
正 zhēng/zhèng
挣 zhēng/zhèng
症 zhēng/zhèng
只 zhī/zhǐ
吱 zhī/zī
中 zhōng/zhòng
轴 zhóu/zhòu
转 zhuǎi/zhuǎn/zhuàn
钻 zuān/zuàn
作 zuō/zuò

附录二　普通话水平测试试卷构成和评分标准

试卷包括4个组成部分,满分为100分。

(一)读单音节字词(100个音节,不含轻声、儿化音节),限时3.5分钟,共10分。

1.目的:测查应试人声母、韵母、声调读音的标准程度。

2.要求:

(1)100个音节中,70%选自《普通话水平测试用普通话词语表》"表一",30%选自"表二"。

(2)100个音节中,每个声母出现次数一般不少于3次,每个韵母出现次数一般不少于2次,4个声调出现次数大致均衡。

(3)音节的排列要避免同一测试要素连续出现。

3.评分:

(1)语音错误,每个音节扣0.1分。

(2)语音缺陷,每个音节扣0.05分。

(3)超时1分钟以内,扣0.5分;超时1分钟以上(含1分钟),扣1分。

(二)读多音节词语(100个音节),限时2.5分钟,共20分。

1.目的:测查应试人声母、韵母、声调和变调、轻声、儿化读音的标准程度。

2.要求:

(1)词语的70%选自《普通话水平测试用普通话词语表》"表一",30%选自"表二"。

(2)声母、韵母、声调出现的次数与读单音节字词的要求相同。

(3)上声与上声相连的词语不少于3个,上声与非上声相连的词语不少于4个,轻声不少于3个,儿化不少于4个(应为不同的儿化韵母)。

(4)词语的排列要避免同一测试要素连续出现。

3.评分:

(1)语音错误,每个音节扣0.2分。

(2)语音缺陷,每个音节扣0.1分。

(3)超时1分钟以内,扣0.5分;超时1分钟以上(含1分钟),扣1分。

(三)朗读短文(1篇,400个音节),限时4分钟,共30分。

1.目的:测查应试人使用普通话朗读书面作品的水平。在测查声母、韵母、声调读音标准程度的同时,重点测查连读音变、停连、语调以及流畅程度。

2.要求:

(1)短文从《普通话水平测试用朗读作品》中选取。

(2)评分以朗读作品的前400个音节(不含标点符号和括注的音节)为限。

3.评分:

(1)每错1个音节,扣0.1分;漏读或增读1个音节,扣0.1分。

(2)声母或韵母的系统性语音缺陷,视程度扣0.5分、1分。

(3)语调偏误,视程度扣0.5分、1分、2分。

(4)停连不当,视程度扣 0.5 分、1 分、2 分。

(5)朗读不流畅(包括回读),视程度扣 0.5 分、1 分、2 分。

(6)超时扣 1 分。

(四)命题说话,限时 3 分钟,共 40 分。

1. 目的:测查应试人在无文字凭借的情况下说普通话的水平,重点测查语音标准程度、词汇语法规范程度和自然流畅程度。

2. 要求:

(1)说话话题从《普通话水平测试用话题》中选取,由应试人从给定的两个话题中选定一个话题,连续说一段话。

(2)应试人单向说话。如发现应试人有明显背稿、离题、说话难以继续等表现时,主试人应及时提示或引导。

3. 评分:

(1)语音标准程度,共 25 分,分六档:

一档:语音标准或极少有失误,扣 0 分、1 分、2 分。

二档:语音错误在 10 次以下,有方音但不明显,扣 3 分、4 分。

三档:语音错误在 10 次以下,但方音比较明显;或语音错误为 10~15 次,有方音但不明显,扣 5~6 分。

四档:语音错误为 10~15 次,方音比较明显,扣 7 分、8 分。

五档:语音错误超过 15 次,方音明显,扣 9 分、10 分、11 分。

六档:语音错误多,方音重,扣 12 分、13 分、14 分。

(2)词汇、语法规范程度,共 10 分,分三档:

一档:词汇、语法规范,扣 0 分。

二档:词汇、语法偶有不规范的情况,扣 1 分、2 分。

三档:词汇、语法屡有不规范的情况,扣 3 分、4 分。

(3)自然流畅程度,共 5 分,分三档:

一档:语言自然流畅,扣 0 分。

二档:语言基本流畅,口语化较差,有背稿子的表现(不是真的背稿,只是表达不够口语化,比较像书面语),扣 0.5 分、1 分。

三档:语言不连贯,语调生硬,扣 2 分、3 分。

(4)说话不足 3 分钟,酌情扣分:

一档:缺时 1 分钟以内(含 1 分钟),扣 1 分、2 分、3 分。

二档:缺时 1 分钟以上,扣 4 分、5 分、6 分。

三档:说话不满 30 秒(含 30 秒),本测试项成绩计为 0 分。

(5)对于应试人不按测试目的、要求说话的(如反复纠错、简单重复、完全离题等)本测试项成绩可判为 0 分。